GUIA PARA NOVAS MULHERES MUÇULMANAS

35 Tópicos Essenciais para Navegar na Fé e na Vida

Sumário

Aviso de direitos autorais

Introdução: Abraçando um Novo Caminho

Entrar no rebanho do islamismo é uma experiência profunda e transformadora, especialmente para mulheres que estão navegando no delicado equilíbrio entre sua fé recém-abraçada e as complexidades de suas vidas pessoais. Esta jornada é de autodescoberta, crescimento espiritual e, às vezes, desafios significativos. Como uma nova mulher muçulmana, você pode se pegar questionando como integrar os princípios islâmicos em sua vida diária, como manter relacionamentos com familiares e amigos não muçulmanos e como construir novas conexões dentro da comunidade muçulmana.

Este livro, *"Guia para Novas Mulheres Muçulmanas: 35 Tópicos Essenciais para Navegar na Fé e na Vida"*, foi criado para ser um recurso abrangente para apoiá-la nessas transições. Cada capítulo aborda tópicos críticos que muitas novas mulheres muçulmanas enfrentam, oferecendo conselhos práticos, percepção espiritual e encorajamento para ajudá-la a construir uma base sólida em sua fé. Quer você esteja preocupada em como comunicar suas novas crenças a entes queridos, como abordar práticas islâmicas ou como lidar com pressões culturais e sociais, este livro tem como objetivo fornecer a orientação de que você precisa.

A jornada para o islamismo não é apenas sobre aprender novos rituais e adotar práticas diferentes; é sobre internalizar um novo modo de vida que toca todos os aspectos da sua existência. Por meio destas páginas, você encontrará ferramentas para ajudá-lo a crescer espiritualmente, manter seu bem-estar mental e emocional e cultivar relacionamentos saudáveis de uma forma que honre sua fé e suas circunstâncias únicas.

Ao começar esta jornada, lembre-se de que você não está sozinha. Milhares de mulheres ao redor do mundo trilharam um caminho semelhante, e suas experiências, lutas e triunfos servem como um testamento da força e resiliência que vêm com a adoção do islamismo. Este livro é um companheiro para ajudá-la a navegar pelos altos e baixos, para tranquilizá-la em momentos de dúvida e para celebrar com você em momentos de alegria. Bem-vinda a este novo capítulo da sua vida — que ele seja repleto de paz, crescimento e as bênçãos de Alá.

Capítulo 1: Bem-vindo ao Islã

Embarcar na jornada do islamismo é uma experiência profunda e transformadora. Como uma nova mulher muçulmana, você deu um passo significativo que não apenas muda o curso da sua vida, mas também molda sua identidade, propósito e visão de mundo. A decisão de abraçar o islamismo é frequentemente acompanhada por uma mistura de emoções — alegria, paz, excitação e talvez um pouco de incerteza sobre o que está por vir.

Este capítulo é seu primeiro passo para entender o poder transformador da fé que você escolheu. O islamismo, uma religião de paz e submissão à vontade de Alá, oferece um modo de vida abrangente que aborda todos os aspectos da existência, do espiritual ao prático. Ao começar a explorar esse novo caminho, você pode descobrir que o islamismo não é apenas um conjunto de rituais ou regras, mas um guia para viver uma vida equilibrada, gratificante e significativa.

No entanto, como acontece com qualquer mudança significativa, a transição para o islamismo pode trazer desafios. Você pode se ver navegando por novas dinâmicas sociais, aprendendo novas práticas e redefinindo seu senso de identidade. Este capítulo ajudará você a entender os aspectos fundamentais de sua nova fé, oferecendo insights sobre o que significa ser muçulmano e como começar a integrar os princípios islâmicos em sua vida diária.

Lembre-se, a jornada que você embarcou é profundamente pessoal. É um caminho que você percorrerá em seu próprio ritmo, com o apoio de uma comunidade global de crentes. À medida que você se estabelece neste novo modo de vida, seja paciente consigo mesmo, busque conhecimento e conecte-se com outras pessoas que podem fornecer apoio e orientação. Sua decisão de abraçar o islamismo é o início de uma jornada ao longo da vida em direção ao crescimento espiritual, paz e realização. Bem-vindo ao islamismo — que este caminho o aproxime de Alá e encha seu coração de tranquilidade e alegria.

Capítulo 2: Estabelecendo um relacionamento pessoal com Allah

Embarcar na jornada do islamismo envolve mais do que adotar novas práticas e crenças; requer cultivar um relacionamento profundo e pessoal com Alá, o Criador. Para muitas novas mulheres muçulmanas, esse relacionamento se torna a pedra angular de sua fé e uma fonte de profunda força e consolo. Estabelecer uma conexão significativa com Alá pode transformar sua vida espiritual e fornecer um senso de propósito e paz interior.

A base do seu relacionamento com Allah começa com a compreensão de Seus atributos e como Ele se relaciona com Sua criação. Allah é descrito no Alcorão como próximo e distante, acessível e transcendente, compassivo e justo. Essa dualidade reflete Sua onipresença e Sua capacidade de entender e atender às necessidades de cada indivíduo, não importa quão grande ou pequena. Saber que Allah está sempre com você, ouvindo suas orações e ciente de suas lutas pode ser profundamente reconfortante e fortalecedor.

Para construir um relacionamento pessoal com Allah, é essencial abordá-Lo com sinceridade e humildade. Isso começa com a prática de *Tawbah* (arrependimento), onde você busca perdão por erros passados e se esforça para limpar seu coração. O arrependimento não é meramente um ritual, mas um processo sincero de voltar-se para Allah e expressar remorso genuíno por quaisquer erros. Por meio do arrependimento, você reafirma seu compromisso de seguir Sua orientação e se esforçar para melhorar a si mesmo.

Estabelecer uma conexão com Alá também envolve oração regular e consciente. Salah, as cinco orações diárias, não é apenas uma obrigação ritual, mas uma linha direta de comunicação com seu Criador. Cada oração é uma oportunidade de expressar sua gratidão, buscar orientação e refletir sobre seu relacionamento com Alá. É importante realizar essas orações com devoção e presença, concentrando-se em seus significados e nos sentimentos que elas evocam. Permita que cada oração seja um momento de consolo e um lembrete de sua conexão com Alá.

Além das orações obrigatórias, envolver-se em *Dua* (súplica) é uma parte vital para nutrir seu relacionamento com Allah. Dua é uma conversa pessoal e direta com Allah, onde você pode pedir Sua ajuda, orientação e bênçãos. Ao contrário das orações formais, Dua pode ser feita em qualquer idioma e a qualquer momento. Essa flexibilidade permite que você expresse seus pensamentos e desejos mais íntimos abertamente. Fazer Dua regularmente ajuda você a se sentir mais próximo de Allah e reforça sua confiança em Sua sabedoria e misericórdia.

Outro aspecto significativo do desenvolvimento de um relacionamento pessoal com Alá é ler e refletir sobre o Alcorão. O Alcorão é a fonte máxima de orientação e sabedoria para os muçulmanos, oferecendo insights sobre a vontade de Alá e a maneira de viver uma vida justa. Como um novo muçulmano, reserve um tempo para ler e entender o Alcorão, começando com traduções e explicações, se necessário. Reflita sobre seus versículos, procure entender seus significados e considere como eles se aplicam à sua vida. Engajar-se com o Alcorão regularmente aprofundará sua conexão espiritual e fornecerá clareza e direção.

Além dessas práticas, esforce-se para incorporar os ensinamentos do islamismo em sua vida diária. O islamismo enfatiza a importância do bom caráter e conduta, como honestidade, gentileza e paciência. Ao viver de acordo com esses valores, você alinha suas ações com sua fé e demonstra sua devoção a Alá. Esse alinhamento entre crença e ação fortalece seu relacionamento com Alá e serve como um reflexo de seu comprometimento interno com Sua orientação.

Construir um relacionamento com Alá também envolve buscar conhecimento e entendimento do Islã. Aprender sobre a religião ajuda você a apreciar seus ensinamentos e integrá-los à sua vida. Frequente aulas, leia livros e se envolva com pessoas experientes que podem oferecer orientação e apoio. Quanto mais você aprende, mais você entenderá a profundidade e a riqueza da sua fé, aumentando sua conexão com Alá.

Além disso, envolver-se em atos de adoração além dos obrigatórios pode aprofundar ainda mais seu relacionamento com Alá. Orações voluntárias, leitura de Hadith (ditos do Profeta Muhammad) e participação em atividades comunitárias são maneiras de enriquecer sua vida espiritual. Essas práticas permitem que você expresse seu amor por Alá e busque Seu prazer em vários aspectos de sua vida.

Também é essencial lembrar que construir um relacionamento com Allah é um processo gradual. Requer paciência, persistência e um coração aberto. Haverá momentos de luta e dúvida, mas esses desafios são parte da jornada. Abrace-os como oportunidades de crescimento e aprendizado. Confie no plano de Allah e em Sua sabedoria, e lembre-se de que todo esforço que você faz para se aproximar Dele é valorizado e recompensado.

Por fim, cercar-se de uma comunidade muçulmana solidária pode impactar significativamente seu crescimento espiritual. Fazer parte de uma comunidade oferece encorajamento, experiências compartilhadas e oportunidades para adoração coletiva. Envolva-se com outros crentes, busque seus conselhos e compartilhe sua jornada. Uma comunidade forte fornece suporte prático e motivação espiritual, ajudando você a permanecer comprometido com sua fé.

Concluindo, estabelecer um relacionamento pessoal com Alá está no cerne da jornada islâmica. Envolve arrependimento sincero, oração regular, súplica sincera e um profundo envolvimento com o Alcorão. Ao incorporar valores islâmicos, buscar conhecimento e participar de atos de adoração, você constrói uma conexão forte e duradoura com seu Criador. Esse relacionamento é uma fonte de força, orientação e paz, ajudando você a navegar pelas complexidades da vida com fé e resiliência. Abrace essa jornada com o coração aberto e confie que Alá está guiando e apoiando você a cada passo do caminho.

Capítulo 3: Compreendendo o Alcorão

O Alcorão é a pedra angular da fé e prática islâmica, oferecendo orientação, sabedoria e percepção sobre a natureza da existência e o propósito da vida. Para novas mulheres muçulmanas, entender o Alcorão não é apenas essencial para o crescimento espiritual, mas também para integrar os princípios islâmicos na vida cotidiana. Este capítulo fornece uma introdução ao Alcorão, explorando seu significado, estrutura e como abordar seu estudo de forma eficaz.

O Alcorão é considerado a palavra literal de Alá, revelada ao Profeta Muhammad (PBUH) ao longo de um período de 23 anos. Ele serve como a fonte máxima de orientação para os muçulmanos, abrangendo uma ampla gama de tópicos, incluindo teologia, moralidade e leis práticas. Ao contrário de outros textos religiosos, o Alcorão é um guia espiritual e legal, oferecendo instruções sobre adoração, ética e conduta interpessoal.

Um dos principais aspectos da compreensão do Alcorão é reconhecer sua estrutura e organização. O Alcorão é dividido em 114 capítulos, conhecidos como Suras, que variam em tamanho e cobrem diferentes temas. Essas Suras são ainda divididas em versos, ou Ayahs, que transmitem mensagens ou leis específicas. O arranjo do Alcorão não é cronológico, mas sim temático, com alguns capítulos focando em questões legais, enquanto outros enfatizam histórias de profetas anteriores, ensinamentos morais ou reflexões sobre a criação.

Para abordar o Alcorão efetivamente, é importante começar com uma compreensão de seus temas e objetivos principais. O Alcorão aborda as crenças centrais do islamismo, incluindo a unicidade de Alá, a finalidade da Profecia de Muhammad (PBUH) e o Dia do Julgamento. Ele fornece orientação detalhada sobre como viver uma vida que agrade a Alá, incluindo instruções sobre adoração, conduta ética e justiça social.

Uma maneira prática de se envolver com o Alcorão é começar lendo sua tradução. Para aqueles que não são fluentes em árabe, ler uma tradução do Alcorão pode ajudar a entender seus significados e contexto. Escolha uma tradução que seja precisa e acessível, e considere ler um comentário ou Tafsir, que fornece explicações e interpretações dos versos. Tafsir pode oferecer insights valiosos sobre o contexto histórico e cultural das revelações do Alcorão, ajudando a entender sua relevância e aplicação.

Ao ler o Alcorão, é benéfico abordá-lo com reflexão e contemplação. Cada versículo do Alcorão tem camadas de significado e pode oferecer orientação sobre vários aspectos da vida. Reserve um tempo para refletir sobre os versículos e considerar como eles se relacionam com suas circunstâncias e experiências pessoais. Refletir sobre os ensinamentos do Alcorão ajuda a internalizar suas mensagens e integrá-las à sua vida diária.

Além de ler e refletir, memorizar partes do Alcorão pode ser uma prática gratificante. Muitos muçulmanos almejam memorizar o Alcorão inteiro, mas mesmo memorizar pequenas seções pode aumentar sua conexão com o texto e seus ensinamentos. Defina metas alcançáveis e use recursos de memorização, como repetição, ouvir recitações e revisar regularmente. A memorização não apenas fortalece sua familiaridade com o Alcorão, mas também auxilia em sua aplicação e compreensão.

Estudar o Alcorão de forma sistemática também pode ser benéfico. Considere reservar horários específicos para o estudo do Alcorão, seja individualmente ou em grupo. Participar de círculos ou aulas de estudo do Alcorão pode fornecer estrutura e suporte, bem como oportunidades para discussão e perguntas. Envolver-se com outras pessoas que também estão estudando o Alcorão pode oferecer novas perspectivas e insights, tornando o processo de aprendizagem mais enriquecedor e dinâmico.

Também é importante abordar o Alcorão com o coração e a mente abertos. O Alcorão é um texto vivo que continua a falar a cada geração e indivíduo de maneiras únicas. Esteja aberto às suas mensagens e permita que seus ensinamentos moldem seus pensamentos e ações. Abrace o Alcorão não apenas como um documento histórico, mas como uma fonte de orientação e inspiração contínuas.

Além do estudo pessoal, incorporar o Alcorão à vida diária é uma maneira prática de permanecer conectado com seus ensinamentos. Reflita sobre os versículos do Alcorão durante as atividades diárias e tente implementar sua orientação em suas interações com os outros. O Alcorão encoraja os muçulmanos a levar uma vida de gentileza, justiça e integridade, e integrar seus princípios em suas ações reforça seu relacionamento com Alá e aumenta seu crescimento pessoal.

Em resumo, entender o Alcorão é um aspecto fundamental da sua jornada islâmica. Comece se familiarizando com sua estrutura, temas e traduções, e aborde seu estudo com reflexão, contemplação e sinceridade. Memorizar partes do Alcorão e estudá-lo sistematicamente pode aprofundar sua conexão com seus ensinamentos. Ao incorporar a orientação do Alcorão em sua vida diária, você se alinha mais de perto com seus princípios e aprimora seu desenvolvimento espiritual e pessoal. O Alcorão é uma fonte profunda e atemporal de sabedoria, oferecendo direção, conforto e inspiração para cada aspecto de sua vida.

Capítulo 4: O papel da Sunnah

A Sunnah, as práticas, ditos e aprovações do Profeta Muhammad (PBUH), desempenha um papel crucial na vida de um muçulmano. Ela complementa e elucida os ensinamentos do Alcorão, oferecendo orientação prática sobre como viver de acordo com os princípios islâmicos. Para novas mulheres muçulmanas, entender e implementar a Sunnah pode fornecer clareza e direção em vários aspectos da vida, desde rotinas diárias até práticas espirituais.

A Sunnah é parte integrante do islamismo, pois incorpora a aplicação prática dos ensinamentos corânicos. Enquanto o Alcorão fornece os princípios e mandamentos fundamentais do islamismo, a Sunnah demonstra como esses princípios são vividos. O profeta Muhammad (PBUH) serve como o modelo ideal para os muçulmanos, e suas ações e ditos fornecem um exemplo claro de como incorporar os valores islâmicos na vida diária.

A Sunnah abrange uma ampla gama de áreas, incluindo adoração, ética, interações sociais e conduta pessoal. Ela oferece orientação detalhada sobre como realizar atos de adoração, como oração, jejum e peregrinação, fornecendo clareza sobre sua execução e significado adequados. Por exemplo, a Sunnah detalha as ações e súplicas específicas associadas a cada uma das cinco orações diárias, aprimorando a compreensão e a prática de Salah (oração).

Além disso, a Sunnah aborda questões cotidianas, oferecendo conselhos sobre questões como higiene, dieta e relacionamentos interpessoais. A orientação do Profeta (PBUH) sobre questões como limpeza pessoal, hábitos alimentares e tratamento de membros da família reflete a abordagem holística do Islã para conduta pessoal e social. Ao seguir essas práticas, novas mulheres muçulmanas podem alinhar suas vidas diárias com os valores e a ética prescritos no Islã.

Um dos aspectos mais significativos da Sunnah é seu papel na interpretação e contextualização do Alcorão. Enquanto o Alcorão fornece a estrutura abrangente da lei e orientação islâmica, a Sunnah oferece exemplos e explicações específicas que ajudam a esclarecer sua aplicação. Por exemplo, o Alcorão ordena que os crentes deem Zakat (caridade), mas é a Sunnah que fornece detalhes sobre os tipos de caridade, sua quantia e sua distribuição.

Estudar a Sunnah envolve examinar Hadith, os ditos e ações registrados do Profeta Muhammad (PBUH). A literatura de Hadith é vasta e é categorizada em diferentes níveis de autenticidade, variando de Sahih (autêntico) a Da'if (fraco). Entender as classificações de Hadith e consultar fontes confiáveis pode ajudar a garantir que as práticas que você segue sejam baseadas em ensinamentos autênticos. Envolver-se com acadêmicos e recursos especializados em Hadith pode fornecer insights e orientações mais profundos.

Incorporar a Sunnah em sua vida requer intencionalidade e reflexão. Comece identificando as principais áreas onde a Sunnah pode melhorar sua prática do islamismo. Por exemplo, adotar as maneiras de saudação do Profeta (PBUH), como usar a frase "As-salamu alaykum" (que a paz esteja com você), pode promover um senso de comunidade e boa vontade. Da mesma forma, adotar suas recomendações para súplicas diárias e conduta pessoal pode ajudar a integrar os valores islâmicos em sua rotina.

Além disso, a Sunnah enfatiza a importância do caráter e da conduta. O Profeta Muhammad (PBUH) é conhecido por seu caráter exemplar, e suas interações com os outros refletem valores islâmicos essenciais, como honestidade, paciência e compaixão. Esforce-se para imitar seu comportamento em suas interações com a família, amigos e colegas. Ao incorporar essas virtudes, você não apenas honra a Sunnah, mas também contribui para um ambiente mais harmonioso e ético.

Outro aspecto de seguir a Sunnah é entender sua aplicação em diferentes contextos. A orientação do Profeta (PBUH) foi dada em cenários históricos e culturais específicos e, embora seus ensinamentos sejam atemporais, sua aplicação pode variar dependendo das circunstâncias contemporâneas. É importante abordar a Sunnah com um equilíbrio de adesão e compreensão contextual, garantindo que sua implementação seja relevante e eficaz no mundo de hoje.

Estudar a vida do Profeta Muhammad (PBUH) por meio de biografias ou literatura Sira pode fornecer insights valiosos sobre o contexto e o significado de suas ações e ditos. Esses recursos oferecem relatos detalhados de sua vida, incluindo seus desafios, decisões e interações, ajudando você a obter uma apreciação mais profunda de como a Sunnah foi vivida e implementada.

Em resumo, a Sunnah é um componente vital da prática islâmica, oferecendo orientação prática e um modelo para viver de acordo com os ensinamentos do Alcorão. Para novas mulheres muçulmanas, entender e aplicar a Sunnah envolve estudar Hadith, emular o comportamento do Profeta (PBUH) e contextualizar sua orientação em cenários contemporâneos. Ao integrar a Sunnah em sua vida diária, você enriquece sua compreensão do islamismo e aprimora seu crescimento espiritual e pessoal. A Sunnah, como um exemplo vivo dos princípios islâmicos, fornece uma estrutura valiosa para navegar pelas complexidades da vida enquanto permanece fiel à essência de sua fé.

Capítulo 5: O Poder da Dua (Súplica)

Dua, ou súplica, é uma prática profundamente pessoal e profunda no islamismo que conecta o crente diretamente com Alá. É uma das ferramentas mais poderosas disponíveis para os muçulmanos, permitindo que eles busquem orientação, expressem suas necessidades e encontrem consolo. Para as novas mulheres muçulmanas, entender e utilizar o poder da Dua pode melhorar muito sua jornada espiritual e relacionamento com Alá.

Dua é um ato de adoração que transcende meros pedidos. É uma conversa sincera com Allah, onde você expressa seus pensamentos, desejos e preocupações mais íntimos. Ao contrário das orações formais, Dua pode ser feita em qualquer idioma e a qualquer momento, fornecendo um meio flexível e íntimo de comunicação com seu Criador. Essa conexão pessoal é central para a prática de Dua, refletindo a profunda confiança e dependência em Allah.

O poder do Dua está enraizado em vários aspectos-chave. Primeiro, é uma expressão de humildade e submissão. Ao fazer Dua, você reconhece sua dependência de Allah e seu reconhecimento de Sua soberania e capacidade de conceder seus pedidos. Este ato de humildade reforça seu relacionamento com Allah e aprofunda sua consciência espiritual.

Segundo, Dua serve como um meio de buscar orientação e clareza. Em momentos de incerteza ou tomada de decisão, recorrer a Allah por meio de Dua pode fornecer direção e percepção. Ele permite que você busque a sabedoria de Allah e peça Seu apoio para fazer escolhas que se alinhem com sua fé e valores. Essa orientação nem sempre é imediata ou explícita, mas frequentemente se manifesta por meio de uma sensação de paz e compreensão.

A prática de Dua também reflete a esperança e a fé do crente na misericórdia e no poder de Allah. O Alcorão enfatiza que Allah está próximo e responde àqueles que O invocam. Na Surata Al-Baqarah

(2:186), Allah diz: "E quando Meus servos vos perguntam sobre Mim, de fato Eu estou perto. Eu respondo à invocação do suplicante quando ele Me invoca." Este versículo destaca a garantia de que Allah ouve e responde às suas súplicas, reforçando a importância de fazer Dua com sinceridade e convicção.

Para incorporar Dua efetivamente em sua vida diária, comece tornando-a uma prática regular. Reserve horários específicos para súplicas, como antes ou depois das orações, durante momentos de solidão ou em momentos de necessidade. A consistência em fazer Dua ajuda a manter uma conexão contínua com Allah e reforça o hábito de recorrer a Ele em busca de apoio e orientação.

Além disso, esteja atento à etiqueta e aos elementos de fazer Dua. Comece com louvor e gratidão a Allah, reconhecendo Seus atributos e expressando gratidão por Suas bênçãos. Essa abordagem ajuda a definir um tom respeitoso e reconhece o papel de Allah em sua vida. Depois de fazer seus pedidos, conclua com um senso de confiança e fé na sabedoria e no tempo de Allah. Lembre-se de que a resposta de Allah à Dua pode não ser sempre imediata ou da maneira exata que você espera, mas Suas respostas são sempre no melhor interesse do crente.

Incorpore Duas específicas em sua prática que abordem vários aspectos de sua vida. O Profeta Muhammad (PBUH) ensinou muitas Duas para diferentes ocasiões e necessidades, variando de pedidos pessoais a súplicas por saúde, sucesso e proteção. Familiarize-se com essas Duas e use-as para enriquecer suas súplicas. Além disso, sinta-se à vontade para fazer Dua espontânea com suas próprias palavras, expressando suas necessidades e sentimentos únicos.

Outro aspecto importante do Dua é paciência e persistência. Embora seja essencial fazer Dua com sinceridade, é igualmente importante permanecer paciente e firme, confiando que o tempo de Allah é perfeito. O processo de fazer Dua é em si uma forma de adoração e devoção, refletindo sua confiança contínua em Allah e seu comprometimento em buscar Sua orientação.

Integrar Dua em sua vida também envolve refletir sobre seu impacto. Observe como fazer Dua influencia seus pensamentos, sentimentos e decisões. Observe como isso afeta seu senso de paz, confiança e conexão com Allah. Essa reflexão pode reforçar a prática de Dua e ajudá-lo a apreciar seu papel em sua jornada espiritual.

Por fim, lembre-se de que Dua não se limita a pedidos pessoais. Também pode ser um meio de interceder pelos outros, pedindo a Allah que abençoe, guie e proteja aqueles com quem você se importa. Fazer Dua para entes queridos e para a comunidade em geral reflete compaixão e um senso de interconexão, reforçando os valores de empatia e solidariedade no Islã.

Em resumo, Dua é uma prática poderosa e íntima que conecta você diretamente com Allah, permitindo que você busque orientação, expresse necessidades e encontre conforto. Ao incorporar Dua em sua vida diária, mantendo sua etiqueta e abraçando seu significado, você fortalece sua conexão espiritual com Allah e melhora seu bem-estar geral. A prática de Dua reflete humildade, fé e confiança na sabedoria de Allah, tornando-a um componente central de uma vida islâmica plena e significativa.

Capítulo 6: Construindo autoconfiança em sua nova identidade

Abraçar uma nova identidade como mulher muçulmana é uma experiência profunda e transformadora. Envolve não apenas adotar novas crenças e práticas, mas também integrá-las à sua identidade pessoal e social. Construir autoconfiança neste novo papel é crucial para navegar pelos desafios e oportunidades que vêm com sua jornada de fé. Este capítulo explora como cultivar autoconfiança enquanto permanece fiel à sua nova identidade islâmica.

A jornada de construção da autoconfiança começa com a autoaceitação. Aceitar e abraçar sua nova identidade como muçulmano é fundamental para desenvolver a confiança. Isso envolve reconhecer o valor da sua fé e entender como ela enriquece sua vida. Reconheça que se converter ao islamismo é uma decisão corajosa e significativa, e orgulhe-se dos passos que você deu para se alinhar com suas crenças. A autoaceitação ajuda a reforçar seu senso de propósito e comprometimento com sua fé.

A educação desempenha um papel significativo na construção da autoconfiança. Quanto mais você aprender sobre o islamismo, mais seguro você se sentirá em sua identidade. Estude o Alcorão, a Sunnah e a história islâmica para obter uma compreensão mais profunda de sua fé. O conhecimento capacita você a responder perguntas, participar de discussões e tomar decisões informadas. Frequentar aulas, participar de grupos de estudo e se envolver com indivíduos experientes também pode aumentar sua compreensão e confiança.

Outro aspecto importante da construção da autoconfiança é entender e abraçar os aspectos positivos das práticas islâmicas. O islamismo encoraja a modéstia, a gentileza e o crescimento pessoal. Abrace esses valores como pontos fortes que contribuem para seu bem-estar e interações sociais. Por exemplo, praticar a modéstia por meio da vestimenta e do comportamento pode ser uma fonte de autoconfiança, refletindo seu comprometimento com seus valores e aumentando sua autoestima.

Navegar por relacionamentos e interações sociais em sua nova função pode ser desafiador. É essencial abordar essas interações com confiança e clareza. Comunique suas crenças e práticas de forma aberta e respeitosa com a família, amigos e colegas. Explique suas razões para abraçar o islamismo e compartilhe como isso impacta positivamente sua vida. A comunicação eficaz ajuda a dissipar mal-entendidos e promove o respeito mútuo, fortalecendo sua confiança em sua nova identidade.

Definir metas pessoais e se esforçar para o desenvolvimento pessoal é outra maneira de construir autoconfiança. Identifique áreas onde você quer crescer espiritualmente, academicamente ou profissionalmente e estabeleça metas realistas para alcançá-las. Trabalhar em direção a essas metas reforça seu senso de realização e competência. Comemore suas conquistas, não importa quão pequenas, pois elas contribuem para sua confiança geral e senso de autoestima.

Também é importante se cercar de uma comunidade de apoio. Fazer parte de uma comunidade muçulmana proporciona encorajamento, companheirismo e experiências compartilhadas. Envolva-se com outras pessoas que compartilham sua fé, participe de atividades comunitárias e busque apoio quando necessário. Uma rede de apoio forte pode reforçar sua confiança e fornecer um senso de pertencimento e validação.

Superar desafios e contratempos é uma parte natural da construção da autoconfiança. Entenda que pode haver dificuldades e obstáculos enquanto você navega em sua nova identidade, mas esses desafios são oportunidades de crescimento. Aborde os contratempos com resiliência e uma mentalidade positiva, aprendendo com cada experiência e usando-a para fortalecer sua determinação. Lembre-se de que construir confiança é um processo gradual, e a persistência é a chave.

Praticar autocuidado e autocompaixão é vital para manter a confiança. Reserve um tempo para nutrir seu bem-estar físico, emocional e espiritual. Envolva-se em atividades que lhe tragam alegria e relaxamento, e busque apoio quando se sentir sobrecarregado. O autocuidado ajuda a manter um equilíbrio saudável e reforça uma autoimagem positiva, contribuindo para sua confiança geral.

Reflita sobre suas conquistas e progresso regularmente. Manter um diário ou documentar suas experiências pode ajudar você a reconhecer seu crescimento e desenvolvimento. Refletir sobre sua jornada permite que você aprecie suas conquistas e reconheça o impacto positivo de sua fé em sua vida.

Por fim, confie no plano de Allah e busque Sua orientação. A confiança não é apenas sobre habilidade pessoal, mas também sobre confiança na sabedoria e no apoio de Allah. Faça Dua para obter força e orientação, e confie em sua fé para lhe fornecer a confiança e a resiliência necessárias para navegar em sua jornada. Confie que o plano de Allah para você tem um propósito e que Ele está guiando e apoiando você a cada passo do caminho.

Em resumo, construir autoconfiança em sua nova identidade como mulher muçulmana envolve autoaceitação, educação e abraçar valores islâmicos. Comunicação eficaz, definição de metas e uma comunidade de apoio também desempenham papéis cruciais. Superar desafios com resiliência, praticar autocuidado e refletir sobre seu progresso contribuem ainda mais para sua confiança. Confiar na orientação de Allah e buscar Seu apoio reforça sua confiança e ajuda você a navegar em sua jornada com segurança e graça. Abraçar sua nova identidade com confiança permite que você experimente completamente a riqueza e a realização de sua fé.

Capítulo 7: Gestão do tempo para uma vida equilibrada

O gerenciamento eficaz do tempo é essencial para equilibrar os vários aspectos da vida como uma nova mulher muçulmana. Integrar práticas islâmicas em sua rotina diária, cumprir responsabilidades pessoais e familiares e buscar crescimento pessoal requer planejamento e organização cuidadosos. Este capítulo explora estratégias para gerenciar seu tempo de forma eficaz para alcançar uma vida equilibrada e gratificante.

O primeiro passo para uma gestão eficaz do tempo é definir prioridades claras. Identifique as principais áreas da sua vida que precisam de atenção, incluindo obrigações religiosas, desenvolvimento pessoal, responsabilidades familiares e autocuidado. Entender o que é mais importante ajuda a alocar seu tempo adequadamente e garante que você aborde cada área com o foco apropriado. Por exemplo, priorize orações diárias e estudo do Alcorão, ao mesmo tempo em que reserva tempo para atividades familiares e interesses pessoais.

Criar uma agenda estruturada é uma maneira prática de gerenciar seu tempo de forma eficaz. Desenvolva um plano diário ou semanal que descreva suas tarefas, compromissos e metas. Use ferramentas como planejadores, calendários ou aplicativos digitais para organizar sua agenda. Inclua blocos de tempo para orações, estudo, trabalho e atividades de lazer. Uma agenda bem organizada ajuda você a permanecer no caminho certo, reduz o estresse e garante que você aloque tempo para todos os aspectos da sua vida.

Incorpore práticas islâmicas em sua agenda para manter um foco espiritual. Reserve horários específicos para orações diárias, recitação do Alcorão e Dua. Integre essas práticas perfeitamente em sua rotina, para que se tornem partes naturais e consistentes do seu dia. Por exemplo, considere usar as primeiras horas da manhã ou da noite para estudo e reflexão do Alcorão, alinhando essas atividades com sua agenda pessoal.

O gerenciamento eficaz do tempo também envolve definir metas alcançáveis e gerenciar expectativas. Divida metas maiores em tarefas menores e gerenciáveis e estabeleça prazos realistas para cada uma delas. Essa abordagem ajuda a evitar sobrecarga e permite que você acompanhe seu progresso incrementalmente. Comemore suas realizações e ajuste suas metas conforme necessário, mantendo uma mentalidade flexível para acomodar mudanças em suas prioridades ou circunstâncias.

O gerenciamento de tempo também requer o gerenciamento de distrações e a manutenção do foco. Identifique distrações comuns que interrompem sua produtividade, como mídia social, assistir TV em excesso ou espaços de trabalho desorganizados. Implemente estratégias para minimizar essas distrações, como definir horários específicos para verificar as mídias sociais ou criar um espaço de trabalho designado. Manter o foco em suas tarefas aumenta sua eficiência e ajuda você a aproveitar ao máximo seu tempo.

Incorpore tempo para autocuidado e relaxamento em sua agenda. Equilibrar trabalho, práticas religiosas e responsabilidades pessoais requer manter seu bem-estar físico e emocional. Reserve tempo para atividades que o rejuvenesçam, como exercícios, hobbies ou passar tempo com entes queridos. Priorizar o autocuidado garante que você mantenha um equilíbrio saudável e evite o esgotamento.

Delegue tarefas e busque suporte quando necessário. Gerenciamento de tempo não é sobre fazer tudo sozinho, mas sobre gerenciar responsabilidades de forma eficaz. Compartilhe tarefas domésticas com membros da família, busque ajuda de amigos ou membros da comunidade e considere terceirizar tarefas, se possível. Delegar tarefas permite que você se concentre em áreas onde você pode ter mais impacto e reduz o fardo de gerenciar tudo sozinho.

Revise e ajuste regularmente sua agenda para refletir as mudanças de prioridades e compromissos. Avalie periodicamente suas estratégias de gerenciamento de tempo para garantir que elas estejam alinhadas com seus objetivos e estilo de vida. Faça ajustes conforme necessário para acomodar novas responsabilidades, mudanças em sua rotina ou crescimento pessoal. Flexibilidade é a chave para manter o equilíbrio e se adaptar às demandas em evolução de sua vida.

Reflita sobre suas práticas de gerenciamento de tempo e seu impacto em seu bem-estar geral. Considere quão efetivamente você está equilibrando suas obrigações religiosas, crescimento pessoal e responsabilidades familiares. Reflita sobre quaisquer áreas onde você pode precisar melhorar ou ajustar sua abordagem. A autorreflexão regular ajuda você a permanecer alinhado com seus objetivos e garante que você esteja gerenciando seu tempo de uma forma que suporte uma vida equilibrada e gratificante.

Por fim, busque orientação e apoio de Allah. Faça Dua para obter assistência na administração eficaz do seu tempo e na obtenção de equilíbrio na sua vida. Confie na sabedoria de Allah e busque Sua ajuda para priorizar suas tarefas e responsabilidades. Confie na sua fé para lhe fornecer a força e a clareza necessárias para navegar na sua vida diária com propósito e intenção.

Em resumo, o gerenciamento eficaz do tempo para uma vida equilibrada envolve definir prioridades claras, criar uma agenda estruturada e incorporar práticas islâmicas à sua rotina. Definir metas alcançáveis, gerenciar distrações e priorizar o autocuidado são essenciais para manter o equilíbrio. Delegue tarefas, revise e ajuste sua agenda regularmente e busque orientação de Allah. Ao gerenciar seu tempo de forma eficaz, você pode alcançar uma vida plena e equilibrada que honre sua fé e apoie seu crescimento pessoal.

Capítulo 8: Modéstia e Hijab

Modéstia e a prática de usar o hijab são aspectos fundamentais da identidade e dos valores islâmicos. Para as novas mulheres muçulmanas, entender o significado dessas práticas e integrá-las à vida diária é um passo importante para incorporar os princípios islâmicos. Este capítulo explora os conceitos de modéstia e hijab, oferecendo orientação sobre como abraçar e implementar esses aspectos da fé com confiança e graça.

Modéstia, ou *haya* , é um valor fundamental no islamismo que se estende além do traje físico para abranger comportamento, fala e interações. Ela reflete um senso de respeito por si mesmo e pelos outros, bem como um compromisso em manter a dignidade e a integridade. No Alcorão, Alá enfatiza a importância da modéstia tanto em homens quanto em mulheres. Para as mulheres, a modéstia é expressa tanto por meio de roupas quanto de conduta, orientando interações e apresentação pessoal.

O hijab, um termo comumente usado para se referir ao lenço de cabeça usado por mulheres muçulmanas, é uma expressão de modéstia. Embora o hijab seja um símbolo visível, seu significado vai além da mera aparência. Ele representa um compromisso com os valores islâmicos e um desejo de viver de acordo com os comandos de Alá. Usar o hijab é uma escolha pessoal e um reflexo da fé e dedicação à modéstia.

Entender os princípios por trás do uso do hijab é crucial para integrá-lo à sua vida com confiança. O Alcorão aborda o conceito de modéstia e a cobertura do corpo em vários versículos, incluindo a Surata An-Nur (24:31), que instrui as mulheres crentes a "guardar sua modéstia" e "puxar seus véus sobre seus seios". O hijab não é apenas uma peça de roupa, mas uma manifestação desse conceito mais amplo de modéstia.

Ao adotar o hijab, comece entendendo os diferentes estilos e práticas culturais associados a ele. O hijab pode ser usado de várias maneiras, dependendo da preferência pessoal e influências culturais.

Explore diferentes estilos e descubra o que faz você se sentir confortável e confiante. O objetivo é escolher um estilo que se alinhe com seus valores, ao mesmo tempo que permite que você se expresse autenticamente.

Incorporar o hijab em sua vida diária envolve considerações práticas e ajustes. Comece integrando gradualmente o hijab em sua rotina, começando com ambientes familiares e gradualmente expandindo para ambientes diferentes. Dê a si mesma tempo para se ajustar e buscar apoio de outras mulheres muçulmanas que usam o hijab. Suas experiências e conselhos podem fornecer insights valiosos e encorajamento.

Lidar com potenciais desafios e reações de outras pessoas é um aspecto importante do uso do hijab. Você pode encontrar perguntas, mal-entendidos ou até mesmo reações negativas daqueles que não estão familiarizados com as práticas islâmicas. Aborde essas situações com paciência e graça. Use oportunidades para educar outras pessoas sobre o significado do hijab e seu papel em sua fé. Ao manter uma atitude positiva e articular suas razões, você pode ajudar a promover a compreensão e o respeito.

A modéstia se estende além do hijab e abrange comportamento e interações com os outros. Adote os princípios da modéstia em sua fala, ações e relacionamentos. Pratique humildade, gentileza e respeito em suas interações, refletindo os valores do islamismo em todos os aspectos de sua vida. Essa abordagem holística à modéstia aumenta o impacto do uso do hijab e reforça seu comprometimento com os princípios islâmicos.

Integrar a modéstia e o hijab em sua vida pessoal e profissional pode exigir consideração e planejamento cuidadosos. Em ambientes profissionais, por exemplo, encontre maneiras de manter seu traje modesto enquanto adere aos códigos de vestimenta ou requisitos de uniforme. Procure ambientes de apoio e locais de trabalho que respeitem e acomodem as práticas islâmicas. Equilibrar a modéstia com as expectativas profissionais é possível com planejamento cuidadoso e comunicação aberta.

Reflita sobre o significado pessoal de usar o hijab e praticar a modéstia. Considere como essas práticas aumentam seu senso de identidade, fé e propósito. Abrace o impacto positivo que elas têm em sua autoestima e senso de conexão com Alá. Esta reflexão ajuda a reforçar seu comprometimento e confiança em suas escolhas.

Por fim, lembre-se de que a modéstia e o hijab são expressões pessoais de fé e devem ser abordados com sinceridade e intenção. Busque orientação de Allah por meio de oração e Dua, pedindo força e clareza para manter seu compromisso com a modéstia. Confie que seus esforços para aderir a esses princípios são valorizados e recompensados em sua jornada de fé.

Em resumo, a modéstia e o hijab são aspectos integrais da identidade islâmica, refletindo um compromisso com a fé e a dignidade. Entender os princípios por trás da modéstia e do hijab, integrá-los à sua vida com confiança e enfrentar os desafios com paciência são essenciais para abraçar essas práticas. Ao incorporar a modéstia tanto na aparência quanto no comportamento, você honra sua fé e aprimora sua conexão espiritual, contribuindo para uma vida islâmica equilibrada e gratificante.

Capítulo 9: Manter relacionamentos com familiares não muçulmanos

Navegar em relacionamentos com familiares não muçulmanos pode apresentar desafios e oportunidades únicos à medida que você abraça o islamismo. Equilibrar o respeito pela sua fé com a importância de manter os laços familiares requer sensibilidade, paciência e compreensão. Este capítulo explora estratégias para administrar esses relacionamentos enquanto permanece fiel aos seus princípios islâmicos.

Manter relacionamentos com familiares não muçulmanos envolve um equilíbrio delicado entre honrar sua fé e preservar conexões familiares. É importante abordar esses relacionamentos com compaixão e respeito, reconhecendo que diferenças de crença não diminuem a importância dos laços familiares. Envolver-se com familiares de forma respeitosa promove a compreensão e o respeito mútuo, mesmo diante de valores diferentes.

Comunicação aberta e honesta é essencial para gerenciar relacionamentos com famílias não muçulmanas. Compartilhe suas razões para abraçar o islamismo de forma ponderada e clara, enfatizando os aspectos positivos de sua fé e como ela enriqueceu sua vida. Aborde quaisquer perguntas ou preocupações que eles possam ter com paciência e clareza, ajudando-os a entender sua perspectiva e o significado de sua fé.

Respeitar as tradições e valores da sua família, mantendo suas práticas islâmicas, é crucial. Participe de reuniões e celebrações familiares de uma forma que honre tanto sua fé quanto seus laços familiares. Por exemplo, se eventos familiares envolvem atividades ou tradições que entram em conflito com suas crenças, encontre maneiras de se envolver respeitosamente, mantendo seus limites pessoais. Sua participação em eventos familiares demonstra seu comprometimento em manter relacionamentos, mesmo ao navegar por diferenças de valores.

Procure encontrar pontos em comum e interesses compartilhados com seus familiares não muçulmanos. Focar em interesses e atividades mútuos pode fortalecer seus relacionamentos e criar oportunidades para interações positivas. Ao se envolver em experiências compartilhadas, você pode construir conexões mais fortes e demonstrar que sua fé não impede a capacidade de aproveitar e valorizar o tempo em família.

Estabeleça limites claros quando necessário para manter sua fé e integridade pessoal. Comunique seus limites com gentileza e firmeza, garantindo que eles sejam compreendidos e respeitados. Por exemplo, se certos tópicos ou atividades são desconfortáveis para você devido à sua fé, expresse seus sentimentos de forma atenciosa e sugira maneiras alternativas de se envolver. Estabelecer limites ajuda a preservar seus valores pessoais enquanto mantém relacionamentos familiares respeitosos.

Navegar pelas diferenças religiosas e culturais com familiares não muçulmanos requer paciência e empatia. Reconheça que as perspectivas e experiências deles podem diferir das suas e aborde as interações com a mente aberta. Entender os pontos de vista deles e demonstrar empatia pode promover o respeito mútuo e criar um ambiente mais harmonioso, mesmo quando surgem desentendimentos.

Incentive o diálogo positivo e o aprendizado mútuo dentro de sua família. Compartilhe informações sobre práticas e valores islâmicos de uma forma acessível e envolvente. Convide os membros da família a fazer perguntas e aprender sobre sua fé de uma forma não confrontacional. Ao promover um ambiente de curiosidade e compreensão, você pode ajudar a preencher lacunas e construir relacionamentos mais fortes e informados.

Em momentos de desacordo ou tensão, aborde os conflitos com um espírito de reconciliação e compromisso. Concentre-se em encontrar soluções que respeitem tanto sua fé quanto seus relacionamentos familiares. Busque um ponto em comum e se esforce para entender, mesmo quando isso exigir compromisso. Lidar com conflitos com graça e empatia reforça seu comprometimento em manter fortes laços familiares enquanto honra suas crenças.

Lembre-se de buscar orientação e apoio de Allah durante suas interações com familiares não muçulmanos. Faça Dua por sabedoria, paciência e força para administrar esses relacionamentos. Confie que Allah lhe dará a orientação e o apoio necessários para navegar nessas interações enquanto permanece fiel à sua fé.

Em resumo, manter relacionamentos com familiares não muçulmanos envolve um equilíbrio de respeito, comunicação e compreensão. Ao abordar esses relacionamentos com compaixão, estabelecer limites claros e promover um diálogo positivo, você pode navegar pelas diferenças de crença enquanto preserva fortes conexões familiares. Abraçar sua fé com confiança e graça, e buscar orientação de Alá, permite que você honre tanto seus princípios islâmicos quanto seus laços familiares.

Capítulo 10: Navegando pelo casamento com um marido não muçulmano

Navegar em um casamento com um marido não muçulmano envolve entender e abordar aspectos religiosos e práticos para garantir um relacionamento harmonioso e respeitoso. Para novas mulheres muçulmanas, equilibrar os princípios islâmicos com a dinâmica de um casamento inter-religioso requer consideração cuidadosa e comunicação clara. Este capítulo explora o fiqh (jurisprudência islâmica) relacionado a casamentos inter-religiosos e oferece orientação sobre como manter um relacionamento amoroso e respeitoso.

Na jurisprudência islâmica, a permissibilidade do casamento entre uma mulher muçulmana e um homem não muçulmano é um assunto de discussão significativa. De acordo com o fiqh islâmico clássico, uma mulher muçulmana tradicionalmente não tem permissão para se casar com um homem não muçulmano. Esta decisão é baseada em vários versículos do Alcorão e Hadith que enfatizam a importância da fé e dos valores compartilhados em um relacionamento conjugal. Por exemplo, a Surata Al-Baqarah (2:221) aconselha contra o casamento com politeístas até que eles adotem o islamismo, enfatizando a importância das crenças religiosas compartilhadas na promoção de um casamento harmonioso.

No entanto, há visões diferenciadas dentro da erudição islâmica contemporânea sobre casamentos inter-religiosos, especialmente no contexto de circunstâncias culturais e pessoais variadas. Alguns estudiosos e juristas islâmicos defendem a importância do respeito mútuo e da compreensão em tais relacionamentos, desde que o casamento esteja alinhado com os valores e princípios islâmicos. É crucial consultar estudiosos experientes ou imãs locais para obter uma compreensão mais profunda de como essas decisões se aplicam à sua situação específica e receber orientação personalizada.

Comunicação e respeito mútuo são essenciais para navegar em um casamento inter-religioso. Discussões abertas e honestas sobre crenças religiosas, práticas e expectativas podem ajudar a estabelecer uma base de compreensão e cooperação. Aborde tópicos como observâncias religiosas, restrições alimentares e tradições familiares no início do relacionamento para garantir que ambos os parceiros estejam cientes e respeitem as práticas e valores um do outro.

Uma das principais considerações em um casamento inter-religioso é manter as práticas e obrigações islâmicas. Isso inclui cumprir seus deveres religiosos, como orações diárias, jejum e observar os códigos de vestimenta islâmicos, ao mesmo tempo em que considera as crenças e práticas do seu marido. Encontrar um equilíbrio entre praticar sua fé e respeitar as perspectivas do seu marido requer negociação e compromisso ponderados.

Criar filhos em um casamento inter-religioso apresenta considerações adicionais. É importante discutir e concordar sobre como abordar a educação religiosa e a criação. Embora a perspectiva islâmica enfatize a importância de criar filhos na fé, é essencial abordar esse tópico com sensibilidade e respeito mútuo. Procure criar um ambiente que promova a compreensão das crenças de ambos os pais, ao mesmo tempo em que garanta que os valores islâmicos sejam transmitidos de forma eficaz.

Lidar com a dinâmica familiar e social também desempenha um papel significativo em um casamento inter-religioso. Esteja preparado para abordar perguntas ou preocupações de membros da família e da comunidade muçulmana mais ampla. Aborde essas discussões com paciência e clareza, enfatizando os aspectos positivos do seu relacionamento e seu comprometimento em manter os valores islâmicos.

Busque orientação de Allah por meio de oração e Dua. Peça o apoio de Allah para administrar as complexidades de um casamento inter-religioso e manter um relacionamento forte e respeitoso. Confie na sabedoria de Allah e busque Sua assistência para navegar por quaisquer desafios que possam surgir.

Em resumo, navegar em um casamento com um marido não muçulmano envolve entender o fiqh relacionado a casamentos inter-religiosos e equilibrar obrigações religiosas com respeito mútuo. Comunicação eficaz, respeito pelas crenças um do outro e consideração cuidadosa da dinâmica familiar são essenciais. Busque orientação de estudiosos experientes e confie no apoio de Alá enquanto você navega pelas complexidades do seu relacionamento enquanto se esforça para manter seus valores islâmicos.

Capítulo 11: Paternidade em uma família de fé mista

A criação de filhos em uma casa de fé mista requer consideração cuidadosa, sensibilidade e equilíbrio para garantir que as crianças recebam um ambiente acolhedor que respeite as crenças de ambos os pais. Para as novas mulheres muçulmanas em tais casas, navegar pelas complexidades de criar filhos de uma forma que honre os valores islâmicos enquanto acomoda as diversas perspectivas de fé de ambos os pais é crucial. Este capítulo oferece orientação sobre como abordar a criação de filhos em uma casa de fé mista, mantendo uma forte base islâmica.

Estabelecer uma base de respeito mútuo e compreensão é essencial ao criar filhos em uma casa de fé mista. A comunicação aberta entre ambos os pais sobre crenças religiosas, valores e práticas é crucial para criar uma abordagem parental coesa. Discuta e concorde sobre como abordar a educação religiosa, celebrações e práticas diárias de uma forma que respeite ambas as fés. Esse entendimento mútuo promove um ambiente de apoio para a criação dos filhos e ajuda a prevenir conflitos relacionados à educação religiosa.

Uma das principais considerações em uma casa de fé mista é como transmitir educação religiosa e valores aos seus filhos. O islamismo enfatiza a importância de incutir fé e valores morais desde cedo. Procure fornecer aos seus filhos uma base sólida nos ensinamentos islâmicos, incluindo o Alcorão, Hadith e princípios de bom caráter. Incorpore práticas islâmicas na vida diária, como orações, jejum durante o Ramadã e frequência à mesquita, para modelar e reforçar esses valores.

Ao mesmo tempo, respeite e reconheça as crenças e práticas do seu cônjuge. Incentive um ambiente onde seus filhos possam aprender e apreciar as tradições de fé de ambos os pais. Essa abordagem ajuda as crianças a entender e respeitar a diversidade, ao mesmo tempo em que reforça sua própria identidade religiosa. Por exemplo, se seu cônjuge tem tradições ou práticas religiosas específicas, permita que seus filhos participem e aprendam sobre essas práticas, desde que não entrem em conflito com os valores islâmicos.

Encontrar um equilíbrio entre as duas religiões em rituais e celebrações familiares também é importante. Comemore feriados e eventos islâmicos, como Eid e Ramadã, com entusiasmo e engajamento. Ao mesmo tempo, esteja aberto a reconhecer e participar das celebrações religiosas do seu cônjuge, quando apropriado. Essa abordagem equilibrada demonstra respeito por ambas as religiões e fornece aos seus filhos uma compreensão completa de diversas práticas religiosas.

Responder às perguntas e curiosidades dos seus filhos sobre diferenças religiosas requer honestidade e sensibilidade. Forneça explicações adequadas à idade sobre sua fé e as crenças do seu cônjuge. Enfatize valores comuns, como gentileza, respeito e amor, que são compartilhados entre diferentes religiões. Ao responder às perguntas deles de forma aberta e respeitosa, você ajuda seus filhos a desenvolver uma visão positiva e informada de ambas as religiões.

Envolva ambos os pais na educação religiosa e moral. Colabore no ensino de valores, princípios éticos e lições de vida que se alinhem com ambas as religiões. Esse esforço conjunto fornece uma mensagem consistente e reforça a importância de respeitar e compreender crenças diversas. Também permite que as crianças se beneficiem da sabedoria e das perspectivas combinadas de ambos os pais.

Manter uma forte identidade islâmica para seus filhos envolve dar um exemplo positivo e ser proativo em sua educação religiosa. Garanta que seus filhos tenham acesso a recursos islâmicos, como aulas do Alcorão, livros islâmicos e programas comunitários. Envolva-os em atividades que fortaleçam sua fé e conexão com a comunidade muçulmana. Essa abordagem proativa ajuda seus filhos a crescerem com um forte senso de identidade e pertencimento islâmicos.

Navegar pelos desafios de uma família de fé mista requer paciência, flexibilidade e comunicação contínua. Esteja preparado para abordar quaisquer conflitos ou problemas que surjam com sensibilidade e foco em encontrar um ponto em comum. Discuta e revise regularmente sua abordagem à educação parental e religiosa com seu cônjuge para garantir que ambas as fés sejam respeitadas e que seus filhos recebam orientação consistente.

Procure apoio e orientação de estudiosos islâmicos, líderes comunitários e outros pais em situações semelhantes. Seus insights e experiências podem fornecer conselhos e encorajamento valiosos. Engajar-se com uma comunidade solidária também pode oferecer soluções práticas e apoio emocional enquanto você navega pelas complexidades da criação de filhos em uma família de fé mista.

Por fim, faça Dua para orientação e força na criação dos filhos. Busque a assistência de Allah para fornecer sabedoria, paciência e clareza enquanto você cria seus filhos em um ambiente de fé mista. Confie que Allah apoiará seus esforços e lhe concederá a habilidade de nutrir seus filhos com amor e fé.

Em resumo, ser pai ou mãe em uma casa de fé mista envolve criar um ambiente respeitoso e equilibrado que honre as crenças de ambos os pais. Estabelecer uma comunicação clara, fornecer educação religiosa e envolver ambos os pais no processo de criação são essenciais para navegar nessa dinâmica. Ao abordar questões abertamente, celebrar ambas as fés e buscar apoio, você pode promover um ambiente positivo e inclusivo para seus filhos, mantendo uma forte base islâmica.

Capítulo 12: Construindo novas amizades dentro da comunidade muçulmana

Construir novas amizades dentro da comunidade muçulmana pode ser uma experiência gratificante e enriquecedora à medida que você abraça sua nova fé. Estabelecer conexões significativas com outros muçulmanos fornece apoio, compreensão e um senso de pertencimento. Este capítulo explora estratégias eficazes para formar e nutrir amizades dentro da comunidade muçulmana e destaca os benefícios desses relacionamentos em sua jornada de fé.

Comece se envolvendo ativamente na sua comunidade muçulmana local. Participe de eventos na mesquita, reuniões comunitárias e aulas islâmicas para conhecer outros muçulmanos e mergulhar na comunidade. Participe de orações de Jummah, círculos de estudo e atividades sociais organizadas pela mesquita ou centros islâmicos locais. Estar presente nesses eventos não só ajuda você a conhecer novas pessoas, mas também oferece oportunidades de se envolver em experiências e interesses compartilhados.

Procure organizações e grupos islâmicos que se alinhem com seus interesses e valores. Muitas comunidades têm grupos especializados para mulheres, jovens ou profissionais que se concentram em vários aspectos da vida islâmica. Participar desses grupos permite que você se conecte com outras pessoas que compartilham interesses e objetivos semelhantes. Procure círculos de estudo, organizações de voluntários ou clubes sociais dentro da comunidade muçulmana para encontrar indivíduos com ideias semelhantes.

Aborde novos relacionamentos com abertura e sinceridade. Apresente-se aos outros com um interesse genuíno em conhecê-los. Seja acessível e amigável, e mostre uma ânsia de se envolver em conversas sobre fé, experiências e interesses comuns. Construir amizades geralmente começa com pequenas interações genuínas que podem se transformar em conexões mais profundas ao longo do tempo.

Seja proativo em manter e nutrir novas amizades. Entre em contato com novos conhecidos para organizar atividades sociais, como assistir a uma palestra, participar de um projeto de serviço comunitário ou simplesmente tomar um café juntos. A comunicação regular e as atividades compartilhadas ajudam a fortalecer os laços e a criar um senso de camaradagem. Faça um esforço para manter contato e mostrar apreço pelas amizades que você está desenvolvendo.

Cultive um espírito de empatia e apoio em suas novas amizades. Esteja lá para seus amigos em momentos de necessidade e ofereça encorajamento e compreensão enquanto eles navegam em suas próprias jornadas de fé. Compartilhar experiências, fornecer apoio e oferecer um ouvido atento contribui para construir amizades fortes e duradouras. Cuidado e compaixão genuínos são elementos essenciais para promover conexões significativas.

Participe de serviços comunitários e atividades beneficentes. Ser voluntário em projetos comunitários, organizar arrecadações de fundos ou auxiliar em iniciativas locais permite que você trabalhe ao lado de outros na comunidade. Esses esforços compartilhados criam oportunidades de se unir em torno de objetivos comuns e demonstram seu comprometimento em servir aos outros. O serviço comunitário é uma maneira poderosa de construir relacionamentos enquanto contribui para o bem-estar da comunidade.

Respeite e aprecie a diversidade dentro da comunidade muçulmana. Reconheça que a comunidade muçulmana é diversa em termos de origens culturais, tradições e experiências. Abrace essa diversidade e busque aprender com as perspectivas e experiências dos outros. Ao valorizar a riqueza da comunidade e mostrar respeito por diferentes tradições e práticas, você contribui para um ambiente mais inclusivo e harmonioso.

Enfrente quaisquer desafios ou mal-entendidos com paciência e diplomacia. Construir amizades pode envolver navegar por diferenças em opiniões ou práticas. Aborde os conflitos com um espírito de reconciliação e compreensão, concentrando-se em encontrar um ponto em comum e resolver problemas amigavelmente. A comunicação aberta e respeitosa ajuda a fortalecer relacionamentos e a construir confiança.

Procure orientação e mentoria de membros mais experientes da comunidade. Conectar-se com mentores ou líderes comunitários pode fornecer conselhos e suporte valiosos enquanto você navega em seu novo ambiente social. Seus insights e experiências podem ajudar você a entender melhor a dinâmica da comunidade e oferecer orientação sobre como construir relacionamentos significativos.

Por fim, faça Dua para a orientação de Allah em seus esforços para construir novas amizades. Peça a Allah para lhe conceder a habilidade de formar conexões positivas e de apoio dentro da comunidade muçulmana. Confie que Allah abençoará seus esforços e lhe dará amigos que serão uma fonte de apoio, encorajamento e companheirismo em sua jornada de fé.

Em resumo, construir novas amizades dentro da comunidade muçulmana envolve participação ativa, abertura e sinceridade. Engajar-se em atividades comunitárias, buscar grupos alinhados com seus interesses e nutrir relacionamentos com empatia e apoio são essenciais para formar conexões significativas. Abrace a diversidade, enfrente os desafios com paciência e busque orientação enquanto constrói amizades. Com a orientação e o esforço de Allah, você pode estabelecer relacionamentos fortes e gratificantes que enriquecem sua jornada de fé e seu senso de pertencimento.

Capítulo 13: Lidando com amigos não muçulmanos

Manter amizades com amigos não muçulmanos enquanto adere aos princípios islâmicos envolve equilibrar o respeito pela sua fé com o valor de relacionamentos de longa data. Requer consideração cuidadosa, comunicação aberta e um comprometimento tanto com suas crenças quanto com o bem-estar de suas amizades. Este capítulo fornece orientação sobre como navegar nesses relacionamentos de uma forma que honre sua fé e sustente conexões significativas.

Compreendendo Limites e Respeito: Comece entendendo claramente os limites que sua fé exige e como eles impactam suas interações com amigos não muçulmanos. Os ensinamentos islâmicos enfatizam a manutenção da fé enquanto interage respeitosamente com os outros. É importante estar atento aos princípios islâmicos em seu comportamento e interações, como evitar atividades ou conversas que entrem em conflito com suas crenças. Comunique esses limites aos seus amigos de maneira gentil e respeitosa, garantindo que eles entendam sua perspectiva sem se sentirem julgados ou alienados.

Comunicação aberta: comunicação honesta e respeitosa é essencial para gerenciar relacionamentos com amigos não muçulmanos. Compartilhe sua fé com eles de uma forma informativa e acessível. Explique por que certas práticas ou atividades são importantes para você e como elas se alinham com seus valores. Isso ajuda a promover a compreensão e o respeito mútuos, permitindo que seus amigos apreciem sua perspectiva e acomodem suas necessidades.

Equilibrando Atividades Sociais: Ao participar de atividades sociais com amigos não muçulmanos, procure equilibrar suas exigências de fé com a manutenção da amizade. Por exemplo, se um evento envolve atividades que não estão de acordo com os ensinamentos islâmicos, considere sugerir atividades alternativas que se alinhem tanto com suas crenças quanto com os interesses de seus amigos. Engajar-se de maneiras inclusivas e respeitosas ajuda a preservar o relacionamento enquanto honra sua fé.

Ser um modelo: suas ações e comportamento podem servir como um poderoso reflexo de sua fé. Esforce-se para ser um modelo positivo incorporando valores islâmicos como gentileza, honestidade e integridade. Sua conduta pode inspirar curiosidade e respeito, potencialmente levando a discussões mais profundas sobre o islamismo e promovendo uma compreensão mais respeitosa de sua fé entre seus amigos.

Lidando com Tópicos Sensíveis: Aborde tópicos sensíveis relacionados à religião com cuidado e tato. Se surgirem discussões sobre fé ou questões controversas, envolva-se nessas conversas com paciência e respeito. Evite atitudes de confronto ou defensivas e concentre-se em compartilhar sua perspectiva de forma construtiva e compreensiva. Ao abordar tópicos sensíveis de forma ponderada, você pode lidar com mal-entendidos e construir pontes de entendimento.

Navegando por convites e celebrações: Quando for convidado para eventos ou celebrações que possam entrar em conflito com os princípios islâmicos, lide com a situação diplomaticamente. Recuse educadamente convites que envolvam atividades que não são permitidas no islamismo, mas expresse gratidão pelo convite e interesse em manter o relacionamento. Ofereça-se para participar de maneiras alternativas, como comparecer a partes não religiosas do evento ou hospedar reuniões que estejam alinhadas com seus valores e as preferências de seus amigos.

Oferecendo suporte e compreensão: Seja solidário e compreensivo com as crenças e práticas de seus amigos não muçulmanos. Respeite suas tradições de fé e mostre interesse em suas perspectivas. Ao demonstrar respeito e apoio genuínos por suas crenças, você encoraja um entendimento recíproco e promove uma amizade positiva e respeitosa.

Mantendo a integridade pessoal: Mantenha-se fiel aos seus valores e princípios islâmicos em todas as interações. Embora seja importante respeitar e acomodar seus amigos, certifique-se de não comprometer suas crenças ou se envolver em atividades que contradigam sua fé. Manter a integridade pessoal fortalece seu relacionamento com Alá e ajuda você a navegar nas amizades com confiança.

Buscando Orientação: Consulte acadêmicos ou mentores experientes se você enfrentar desafios em administrar seus relacionamentos com amigos não muçulmanos. Os insights deles podem fornecer orientação valiosa sobre como equilibrar sua fé com interações sociais e ajudá-lo a lidar com questões específicas que surgem.

Fazendo Dua: Busque continuamente a orientação de Allah para manter suas amizades enquanto adere aos princípios islâmicos. Faça Dua por sabedoria, paciência e força para administrar esses relacionamentos. Confie no apoio e orientação de Allah enquanto você navega pelas complexidades de equilibrar sua fé com suas interações sociais.

Em resumo, lidar com amigos não muçulmanos envolve equilibrar o respeito pela sua fé com o valor de manter relacionamentos significativos. Ao entender seus limites, comunicar-se abertamente e ser um modelo positivo, você pode navegar nessas amizades enquanto mantém os princípios islâmicos. Lide com tópicos delicados com cuidado, ofereça apoio e compreensão e busque orientação de Alá para administrar seus relacionamentos de forma eficaz. Por meio de interação atenciosa e comprometimento sincero com seus valores, você pode promover amizades respeitosas e solidárias que enriquecem sua vida e jornada de fé.

Capítulo 14: Halal e Haram na vida diária

Entender e aplicar os conceitos de halal (permitido) e haram (proibido) na vida diária é crucial para viver de acordo com os ensinamentos islâmicos. Esses princípios orientam vários aspectos da vida de um muçulmano, desde escolhas alimentares até transações financeiras e interações sociais. Este capítulo explora como navegar por esses conceitos em suas atividades diárias, fornecendo orientação prática sobre como garantir que suas ações estejam alinhadas aos princípios islâmicos.

Entendendo Halal e Haram: Halal se refere ao que é permitido e legal de acordo com a lei islâmica, enquanto haram denota o que é proibido. Essas classificações são derivadas do Alcorão, Hadith e das decisões de estudiosos islâmicos. É importante se familiarizar com essas diretrizes para tomar decisões informadas em sua vida diária. Halal abrange ações, alimentos e comportamentos que estão de acordo com os ensinamentos islâmicos, enquanto haram inclui aqueles que são explicitamente proibidos.

Escolhas alimentares: Um dos aspectos mais visíveis do halal e do haram são as restrições alimentares. Alimentos halal são aqueles que são permitidos, enquanto alimentos haram são proibidos. Por exemplo, a carne halal deve vir de um animal que tenha sido abatido de acordo com as diretrizes islâmicas, e a carne de porco é estritamente proibida. Ao fazer compras ou jantar fora, procure a certificação halal ou pergunte sobre métodos de preparação de alimentos para garantir que eles atendam aos padrões islâmicos. Entender essas diretrizes ajuda você a fazer escolhas informadas e manter a conformidade com sua fé.

Transações financeiras: As transações financeiras no islamismo devem aderir aos princípios de justiça e transparência. As transações financeiras halal envolvem evitar juros (riba), fraude e práticas antiéticas. Envolva-se em transações baseadas em consentimento mútuo, honestidade e integridade. Evite investir em negócios ou produtos financeiros que envolvam atividades haram, como jogos de azar ou álcool. Entender e aplicar esses princípios em suas decisões financeiras garante que suas atividades econômicas estejam alinhadas aos valores islâmicos.

Interações sociais e comportamento: os ensinamentos islâmicos fornecem orientação sobre como se comportar em interações sociais. O comportamento halal inclui manter a honestidade, o respeito e a gentileza em seus relacionamentos com os outros. Evitar fofocas, calúnias e comportamento desrespeitoso se alinha com os princípios islâmicos. Envolva-se em interações que promovam valores positivos e contribuam para um ambiente harmonioso e respeitoso. Entender o que é considerado halal e haram na conduta social ajuda você a manter um bom caráter e a construir relacionamentos fortes e éticos.

Higiene Pessoal e Cuidados Pessoais: Práticas de higiene pessoal e cuidados pessoais também são guiadas por princípios islâmicos. Práticas halal em cuidados pessoais envolvem o uso de produtos e métodos que são limpos e permitidos. Por exemplo, garanta que cosméticos e produtos de higiene pessoal não contenham ingredientes haram, como álcool ou substâncias derivadas de animais não abatidos de acordo com a lei islâmica. Manter a limpeza e usar produtos permitidos reflete a adesão às diretrizes islâmicas e contribui para o bem-estar pessoal.

Entretenimento e Lazer: O islamismo incentiva a moderação em atividades de entretenimento e lazer. O entretenimento halal inclui atividades que não entram em conflito com os valores islâmicos, como eventos familiares, atividades educacionais e atividades recreativas que promovem o crescimento positivo. Evite se envolver em entretenimento que envolva elementos haram, como conteúdo explícito, violência excessiva ou atividades que promovam comportamento imoral. Encontrar um equilíbrio entre atividades agradáveis e a adesão aos princípios islâmicos garante que seu tempo de lazer seja gratificante e respeitoso com sua fé.

Consumo Ético: Faça escolhas éticas em seus padrões de consumo selecionando produtos e serviços que se alinhem aos princípios islâmicos. Isso inclui apoiar empresas que aderem a práticas éticas, evitar produtos que contribuam para danos ou exploração e escolher itens que sejam ecologicamente corretos. Estar atento aos seus hábitos de consumo reflete um comprometimento com uma vida ética e responsável.

Navegando por Ambiguidades: Em algumas situações, você pode encontrar incertezas sobre se uma atividade ou produto é halal ou haram. Ao se deparar com tais ambiguidades, busque orientação de acadêmicos experientes ou autoridades islâmicas. Consultar uma fonte confiável pode fornecer clareza e ajudá-lo a tomar decisões informadas. Além disso, confiar em princípios islâmicos e buscar conhecimento por meio de estudo e reflexão pode ajudá-lo a navegar em situações complexas.

Fazendo Dua para Orientação: Busque a orientação de Allah para garantir que suas ações e escolhas diárias estejam alinhadas com os princípios halal. Faça Dua para sabedoria e clareza na compreensão e aplicação dos ensinamentos islâmicos em sua vida. Confie que Allah lhe dará o conhecimento e o apoio necessários para viver de acordo com sua fé.

Em resumo, aplicar os conceitos de halal e haram na vida diária envolve entender e aderir aos princípios islâmicos em vários aspectos da vida, incluindo escolhas alimentares, transações financeiras, comportamento social, higiene pessoal, entretenimento e consumo. Ao tomar decisões informadas e buscar orientação de fontes bem informadas, você pode garantir que suas ações estejam alinhadas com os valores islâmicos e contribuam para uma vida de integridade e fidelidade.

Capítulo 15: Jejum e seus benefícios espirituais

O jejum, ou Sawm, é um dos Cinco Pilares do Islã e tem profundo significado espiritual na vida de um muçulmano. Observar o jejum durante o mês do Ramadã não é meramente um ato de abstinência de comida e bebida; é uma prática espiritual profunda que nutre a alma, reforça a conexão com Alá e promove um maior senso de empatia e autodisciplina. Este capítulo explora os benefícios espirituais do jejum e como ele aprimora a fé e o caráter de uma pessoa.

O jejum durante o Ramadã é um ato de adoração que aproxima o muçulmano de Alá. A prática do jejum exige que os crentes se abstenham de comer, beber e outras necessidades físicas do amanhecer ao pôr do sol. Essa privação física serve como um meio de focar o coração e a mente no crescimento espiritual. Ao renunciar temporariamente aos prazeres e desejos mundanos, o jejum permite que os indivíduos se concentrem em seu relacionamento com Alá, fortalecendo sua fé e devoção.

Um dos principais benefícios espirituais do jejum é o cultivo da autodisciplina e do controle. Abster-se de comida e bebida, bem como de comportamentos negativos, como discutir e fofocar, desafia os indivíduos a exercer contenção e autocontrole. Essa disciplina se estende além do ato físico de jejuar, influenciando hábitos e comportamentos pessoais. O jejum encoraja os muçulmanos a desenvolver paciência, resiliência e uma maior consciência de suas ações, promovendo uma abordagem mais consciente e disciplinada à vida diária.

O jejum também aumenta a empatia e a compaixão. Experimentar fome e sede permite que os indivíduos desenvolvam uma compreensão mais profunda das lutas enfrentadas pelos menos afortunados. Essa experiência compartilhada de privação instila um senso de gratidão pelas bênçãos que se tem e uma maior apreciação pelo conforto e facilidade da vida diária. Ao sentir o desconforto que muitos experimentam regularmente, os muçulmanos são mais propensos a sentir compaixão e a serem motivados a ajudar os necessitados, envolvendo-se em atos de caridade e serviço.

O ato de jejuar fornece uma oportunidade para reflexão e crescimento espiritual. O Ramadã é um momento para os muçulmanos se envolverem em adoração aumentada, como ler o Alcorão, realizar orações extras e fazer súplicas. O foco maior em atividades espirituais durante este mês permite que os indivíduos aprofundem sua compreensão dos ensinamentos islâmicos e busquem perdão e purificação. Este período de reflexão encoraja o autoexame, o arrependimento e um compromisso renovado de viver de acordo com os valores islâmicos.

O jejum durante o Ramadã também promove um senso de comunidade e solidariedade entre os muçulmanos. A experiência compartilhada do jejum cria um vínculo entre os indivíduos e reforça a identidade coletiva da Ummah muçulmana. Orações compartilhadas, refeições iftar comunitárias e atos de caridade fortalecem os relacionamentos dentro da comunidade e promovem um senso de unidade e apoio mútuo. Este aspecto comunitário do jejum enfatiza a importância da união e colaboração no crescimento espiritual e na adoração.

Os benefícios espirituais do jejum se estendem ao bem-estar mental e emocional. A prática do jejum promove uma sensação de tranquilidade e contentamento ao fornecer um tempo estruturado para reflexão e oração. A disciplina necessária para se abster de necessidades físicas permite que os indivíduos ganhem uma perspectiva mais clara sobre suas prioridades e objetivos. Esse foco renovado no desenvolvimento espiritual e pessoal geralmente leva a uma maior resiliência emocional e a uma abordagem mais equilibrada aos desafios da vida.

O jejum também serve como um meio de buscar proximidade com Alá por meio de atos de adoração e devoção. Engajar-se em atos adicionais de adoração, como recitar versos do Alcorão, fazer Dua e se envolver em atos de caridade, aumenta a experiência espiritual do Ramadã. Esses atos não apenas aproximam os indivíduos de Alá, mas também reforçam seu senso de propósito e comprometimento com sua fé.

Além disso, o jejum durante o Ramadã é um lembrete da natureza transitória dos prazeres mundanos e da importância de priorizar o crescimento espiritual. Ao se abster de confortos físicos, os indivíduos são lembrados do propósito maior da vida e da importância de se concentrar no Além. Essa perspectiva ajuda a mudar as prioridades de preocupações materiais para aspirações espirituais, promovendo uma conexão mais profunda com Alá e um maior senso de realização.

O fim do Ramadã traz a celebração do Eid al-Fitr, uma ocasião alegre que marca a conclusão do período de jejum. Esta celebração reflete a jornada espiritual empreendida durante o mês e a renovação da fé de alguém. A gratidão e a alegria vivenciadas durante o Eid servem como um testamento do poder transformador do jejum e do crescimento espiritual alcançado durante o Ramadã.

Em resumo, o jejum durante o Ramadã fornece inúmeros benefícios espirituais que vão além do ato físico de abster-se de comida e bebida. Ele promove autodisciplina, empatia e compaixão, ao mesmo tempo em que melhora o relacionamento com Alá e promove a reflexão e o crescimento espiritual. Os aspectos comunitários do jejum e o foco na adoração e devoção contribuem para um senso de unidade e propósito. Ao abraçar as dimensões espirituais do jejum, os muçulmanos podem experimentar uma profunda transformação pessoal e um compromisso renovado com sua fé.

Capítulo 16: Zakat e Caridade

Zakat e caridade são aspectos fundamentais da ética financeira islâmica, profundamente enraizados na fé e na prática dos muçulmanos. Zakat, um dos Cinco Pilares do Islã, é uma forma obrigatória de esmola projetada para purificar a riqueza e prover para aqueles em necessidade. Caridade, ou Sadaqah, se estende além do Zakat obrigatório e representa atos voluntários de doação para apoiar os outros e promover o bem-estar da comunidade. Este capítulo se aprofunda no significado, implementação e impacto do Zakat e da caridade na vida de um muçulmano.

Compreendendo o Zakat: Zakat é um ato compulsório de doação, calculado como uma porcentagem fixa da riqueza de alguém, tipicamente 2,5%, para aqueles em necessidade. É considerado uma obrigação em vez de um ato voluntário de gentileza. O propósito principal do Zakat é purificar a riqueza e a alma de alguém, redistribuir a riqueza para reduzir a desigualdade econômica e garantir que as necessidades básicas dos menos afortunados sejam atendidas. É ordenado por Alá no Alcorão e no Hadith e é parte integrante da estrutura social e econômica do Islã.

Elegibilidade e Destinatários do Zakat: O Zakat é dado a categorias específicas de destinatários, conhecidas como as "oito categorias" mencionadas no Alcorão. Isso inclui os pobres, os necessitados, aqueles que administram o Zakat, aqueles cujos corações devem ser reconciliados, escravos ou cativos buscando liberdade, aqueles em dívida, aqueles que se esforçam no caminho de Alá e viajantes em necessidade. Garantir que o Zakat chegue aos destinatários apropriados é crucial para cumprir seu propósito e manter sua importância na justiça social islâmica.

Calculando o Zakat: Para cumprir adequadamente a obrigação do Zakat, os muçulmanos devem calcular com precisão sua riqueza e ativos. Isso inclui avaliar economias, investimentos e outras formas de participações financeiras, após deduzir quaisquer dívidas e passivos. O cálculo deve ser feito anualmente, normalmente durante o Ramadã, um período de reflexão e adoração intensificadas. Garantir a precisão no cálculo e a adesão às diretrizes islâmicas é essencial para a validade do Zakat.

Os Benefícios Espirituais do Zakat: Além do seu impacto social, o Zakat tem um profundo significado espiritual. Ele serve como um meio de purificar a riqueza e a alma de alguém, promovendo a humildade e reforçando os valores de generosidade e compaixão. Ao dar Zakat, os indivíduos reconhecem que sua riqueza é uma confiança de Allah e que eles têm a responsabilidade de compartilhar suas bênçãos com os necessitados. Este ato de dar promove um senso de gratidão e fortalece o vínculo entre o doador e Allah.

Caridade (Sadaqah): Diferentemente do Zakat, Sadaqah é um ato voluntário de doação que vai além da esmola obrigatória. Sadaqah pode ser dada em qualquer quantia e a qualquer momento, e pode assumir várias formas, incluindo doações financeiras, atos de gentileza e até mesmo um sorriso. Sadaqah é altamente encorajada no Islã e serve como um meio de apoiar os necessitados, fortalecer os laços comunitários e ganhar recompensas espirituais.

O Impacto Mais Amplo da Caridade: A caridade, seja na forma de Sadaqah ou Zakat, desempenha um papel crucial no enfrentamento das desigualdades sociais e na melhoria das vidas de indivíduos e comunidades. Ela ajuda a aliviar a pobreza, fornece acesso à educação e à saúde e apoia vários esforços humanitários. O impacto da caridade se estende além do alívio imediato, contribuindo para o desenvolvimento social e econômico de longo prazo.

Integrando a Caridade na Vida Diária: Incorporar a caridade na vida diária envolve torná-la uma prática regular em vez de um ato esporádico. Isso pode incluir reservar uma parte da renda de alguém para Sadaqah, voluntariar tempo e habilidades para serviço comunitário ou se envolver em atos de gentileza e apoio. Ao tornar a caridade uma parte habitual da vida, os indivíduos podem contribuir continuamente para o bem-estar dos outros e promover uma cultura de doação e compaixão.

Incentivar uma cultura de doação: Cultivar uma cultura de doação dentro de famílias, comunidades e instituições ajuda a reforçar os valores do Zakat e da caridade. Educar as crianças sobre a importância da esmola, organizar eventos comunitários de arrecadação de fundos e apoiar organizações de caridade são maneiras de promover um compromisso coletivo com a justiça social e a filantropia. Incentivar outros a se envolverem em atividades de caridade fortalece os laços comunitários e amplifica o impacto dos esforços coletivos.

Desafios e considerações: Dar Zakat e caridade traz seus desafios, como garantir que os fundos sejam usados de forma eficaz, evitar fraudes e atender às necessidades de comunidades diversas. É importante pesquisar e apoiar organizações e iniciativas respeitáveis que se alinhem aos valores islâmicos e atendam efetivamente às necessidades dos destinatários. Além disso, manter a transparência e a responsabilidade em atividades de caridade ajuda a construir confiança e garante o uso adequado dos recursos.

Fazer Dua para Orientação: Buscar a orientação e as bênçãos de Allah na prática do Zakat e da caridade é essencial. Faça Dua pela sabedoria para dar efetivamente, a sinceridade de intenção e a habilidade de ajudar aqueles em necessidade. Confie na recompensa e no apoio de Allah enquanto você cumpre suas obrigações e contribui para o bem-estar dos outros.

Em resumo, Zakat e caridade são integrais à prática islâmica, oferecendo benefícios espirituais e sociais. Zakat, como um ato obrigatório de esmola, purifica a riqueza e aborda as disparidades econômicas, enquanto Sadaqah representa atos voluntários de gentileza que aumentam o bem-estar da comunidade. Entender os princípios de Zakat e caridade, integrá-los à vida diária e abordar os desafios associados contribuem para cumprir as obrigações islâmicas e promover uma cultura de compaixão e generosidade. Por meio desses atos, os muçulmanos podem fortalecer sua conexão com Alá, apoiar os necessitados e contribuir para a melhoria da sociedade.

Capítulo 17: Hajj e Umrah

Hajj e Umrah são rituais de peregrinação significativos no Islã que têm profunda importância espiritual e religiosa. Hajj, um dos Cinco Pilares do Islã, é uma peregrinação anual a Meca que todo muçulmano deve realizar pelo menos uma vez na vida, se puder. Umrah, embora não seja obrigatória, é uma peregrinação altamente recomendada que pode ser realizada em qualquer época do ano. Este capítulo explora os rituais, o significado e os benefícios espirituais do Hajj e da Umrah, fornecendo uma compreensão abrangente dessas jornadas sagradas.

O Significado do Hajj: O Hajj é uma peregrinação profundamente transformadora que simboliza a unidade e a submissão dos muçulmanos perante Alá. É realizada anualmente durante o mês islâmico de Dhu al-Hijjah, culminando na celebração do Eid al-Adha. O Hajj abrange uma série de rituais, incluindo Tawaf (circundar a Caaba), Sa'i (andar entre Safa e Marwah), ficar em pé em Arafat e realizar o apedrejamento ritual em Mina. Esses atos comemoram as ações do Profeta Ibrahim (Abraão) e sua família, incorporando submissão, sacrifício e devoção.

Benefícios espirituais do Hajj: O Hajj oferece inúmeros benefícios espirituais, incluindo a oportunidade de profunda autorreflexão, purificação espiritual e renovação da fé. A peregrinação serve como um poderoso lembrete da igualdade e unidade dos muçulmanos, pois peregrinos de diversas origens se reúnem para realizar os mesmos rituais em um espírito de humildade e submissão. O Hajj também é um momento para buscar perdão e fazer súplicas, com a crença de que os pecados de um peregrino sincero são perdoados e eles retornam como se tivessem nascido recentemente.

Preparação para o Hajj: A preparação para o Hajj envolve preparações práticas e espirituais. Praticamente, os peregrinos precisam organizar a viagem, obter a documentação necessária e preparar seus recursos físicos e financeiros. Espiritualmente, a preparação envolve aumentar o conhecimento sobre os rituais, buscar perdão por pecados passados e fazer intenções sinceras. Os peregrinos são encorajados a realizar atos de adoração, como jejum e oração crescente, nos meses que antecedem o Hajj para preparar seus corações e mentes.

Os Rituais do Hajj: Os rituais do Hajj são realizados ao longo de vários dias e estão profundamente enraizados na tradição islâmica. Os principais rituais incluem entrar em um estado de Ihram, um estado sagrado de pureza e intenção; realizar o Tawaf, que envolve circundar a Caaba sete vezes; envolver-se em Sa'i, caminhando entre as colinas de Safa e Marwah; ficar em pé em oração na planície de Arafat; e realizar o apedrejamento simbólico do Jamarat em Mina. Cada ritual tem profundo significado espiritual, comemorando os sacrifícios e a fé do Profeta Ibrahim e sua família.

Compreendendo a Umrah: A Umrah é uma peregrinação que pode ser realizada em qualquer época do ano, diferente do Hajj, que tem datas específicas. Embora a Umrah não seja obrigatória, é altamente recomendada e tem grande mérito espiritual. Os rituais da Umrah são semelhantes aos do Hajj, mas são menos extensos. Eles incluem entrar no Ihram, realizar o Tawaf, o Sa'i e raspar ou cortar o cabelo. Acredita-se que realizar a Umrah traz imensas recompensas espirituais e pode servir como um meio de buscar proximidade com Alá.

Benefícios espirituais da Umrah: A Umrah oferece benefícios espirituais como purificação da alma, renovação da fé e busca pelo perdão de Allah. O ato de realizar a Umrah demonstra devoção e submissão a Allah e fornece uma oportunidade para reflexão e crescimento pessoal. Ela serve como um meio de fortalecer o relacionamento com Allah e buscar Suas bênçãos e misericórdia.

Preparação para a Umrah: A preparação para a Umrah envolve etapas semelhantes às do Hajj, incluindo arranjos logísticos e preparação espiritual. Os peregrinos devem se familiarizar com os rituais e fazer intenções sinceras antes de embarcar na jornada. Garantir que todos os aspectos da peregrinação sejam realizados com devoção e sinceridade aumenta a experiência espiritual da Umrah.

O Impacto do Hajj e da Umrah no Peregrino: Tanto o Hajj quanto a Umrah têm um impacto profundo no bem-estar espiritual, psicológico e social do peregrino. A experiência de estar nas cidades sagradas de Meca e Medina, participando dos rituais e se envolvendo em atos de adoração promove um profundo senso de conexão espiritual e paz interior. A peregrinação também reforça os valores de humildade, gratidão e empatia, à medida que os peregrinos refletem sobre seu lugar dentro da Ummah muçulmana maior.

Hajj e Umrah como Atos de Adoração: Tanto o Hajj quanto a Umrah são atos de adoração que incorporam os princípios de submissão, sacrifício e devoção. Eles servem como lembretes da natureza transitória da vida mundana e da importância de priorizar o relacionamento com Alá. Os rituais realizados durante essas peregrinações refletem o profundo significado espiritual da obediência e reverência na vida de um muçulmano.

Reflexão pós-peregrinação: Após completar o Hajj ou a Umrah, os peregrinos são encorajados a refletir sobre suas experiências e buscar implementar as lições aprendidas em suas vidas diárias. A peregrinação serve como uma reinicialização espiritual, encorajando os indivíduos a levar vidas de retidão, humildade e devoção. Manter os insights espirituais obtidos durante a peregrinação pode contribuir para o crescimento pessoal contínuo e um comprometimento mais profundo com os princípios islâmicos.

Em resumo, Hajj e Umrah são jornadas espirituais profundas que têm profundo significado no Islã. Hajj, como uma peregrinação obrigatória, representa uma culminação de submissão e devoção, enquanto Umrah, como um ato voluntário, oferece renovação espiritual e mérito. Ambas as peregrinações fornecem oportunidades para profunda autorreflexão, purificação e fortalecimento da fé. Preparar-se e realizar essas peregrinações com sinceridade e devoção aumenta seu impacto espiritual e promove uma conexão mais profunda com Alá.

Capítulo 18: Lidando com o isolamento e a solidão

Isolamento e solidão são desafios comuns que muitas pessoas enfrentam, e para novas mulheres muçulmanas, esses sentimentos podem ser exacerbados pela transição para uma nova fé e comunidade. Navegar por essas emoções envolve entender suas causas raízes, desenvolver estratégias de enfrentamento e buscar apoio dentro da estrutura dos ensinamentos islâmicos. Este capítulo explora maneiras de gerenciar e superar o isolamento e a solidão, enfatizando a importância de abordagens espirituais e práticas.

Compreendendo o isolamento e a solidão: O isolamento se refere ao estado de estar fisicamente separado dos outros, enquanto a solidão é a experiência emocional de se sentir desconectado, independentemente da proximidade física. As novas mulheres muçulmanas podem experimentar esses sentimentos devido a vários fatores, como falta de familiaridade com a nova comunidade religiosa, mudanças na dinâmica social ou ajustes pessoais a novas práticas religiosas. Reconhecer essas emoções e entender suas fontes é o primeiro passo para lidar com elas de forma eficaz.

Abraçando a Conexão Espiritual: O islamismo enfatiza a importância de manter um relacionamento forte com Alá, que pode fornecer consolo e companheirismo durante os tempos de isolamento. Envolver-se em orações regulares, ler o Alcorão e fazer Dua são maneiras de aprofundar essa conexão espiritual e encontrar conforto. A consciência da presença de Alá e Sua misericórdia pode ajudar a aliviar sentimentos de solidão e fornecer uma sensação de paz interior e apoio.

Construindo uma rede de apoio: Criar uma rede de apoio dentro da comunidade muçulmana pode mitigar significativamente os sentimentos de isolamento. Participe de atividades da mesquita local, junte-se a grupos de estudo ou vá a eventos sociais organizados pela comunidade. Conectar-se com outros muçulmanos que compartilham experiências semelhantes pode oferecer apoio emocional e companheirismo. Construir relacionamentos com outras pessoas que entendem os desafios de se ajustar a uma nova fé pode fornecer um senso de pertencimento e reduzir sentimentos de solidão.

Encontrando mentores e modelos: busque orientação de mulheres muçulmanas experientes que possam oferecer apoio e conselhos. Mentores podem fornecer insights valiosos sobre como navegar pelos desafios de novas práticas religiosas e se integrar à comunidade. Eles também podem oferecer conselhos práticos sobre como lidar com o isolamento e servir como uma fonte de encorajamento e inspiração.

Engajamento em Serviço Comunitário: O voluntariado e a participação em serviço comunitário podem ajudar a aliviar sentimentos de isolamento ao promover um senso de propósito e conexão. Engajar-se em atividades de caridade ou contribuir para projetos comunitários pode criar oportunidades de conhecer novas pessoas, desenvolver relacionamentos significativos e contribuir positivamente para a comunidade.

Desenvolvendo interesses pessoais: Buscar interesses pessoais e hobbies pode fornecer uma maneira construtiva de gerenciar sentimentos de solidão. Engajar-se em atividades que você gosta ou explorar novos interesses pode oferecer uma sensação de realização e ajudar a mudar o foco do isolamento. Seja aprendendo uma nova habilidade, buscando empreendimentos criativos ou participando de atividades recreativas, encontrar maneiras de permanecer engajado pode melhorar o bem-estar geral.

Manter um estilo de vida saudável: a saúde física pode impactar significativamente o bem-estar emocional. Certifique-se de manter uma dieta balanceada, exercitar-se regularmente e descansar adequadamente. A saúde física está intimamente ligada à saúde mental, e um estilo de vida saudável pode melhorar o humor e reduzir sentimentos de solidão. Incorporar práticas de autocuidado à sua rotina pode ajudá-lo a se sentir mais fundamentado e conectado.

Buscando ajuda profissional: se os sentimentos de isolamento e solidão se tornarem avassaladores, considere buscar apoio de profissionais de saúde mental. Conselheiros ou terapeutas podem fornecer estratégias e ferramentas para lidar com essas emoções e oferecer um espaço seguro para discutir e trabalhar os desafios pessoais. O apoio profissional pode complementar abordagens espirituais e comunitárias no gerenciamento da solidão.

Praticar gratidão e reflexão: Praticar gratidão e reflexão regularmente pode mudar o foco de sentimentos de solidão para apreciar as bênçãos em sua vida. Manter um diário de gratidão, refletir sobre experiências positivas e reconhecer as pequenas alegrias na vida diária pode promover uma perspectiva mais positiva e reduzir sentimentos de isolamento.

Manter conexões sociais: mesmo que a proximidade física seja limitada, manter conexões sociais por meios digitais pode ajudar a preencher a lacuna. Use a tecnologia para manter contato com a família e amigos, participar de grupos comunitários online e se envolver em eventos virtuais. Manter-se conectado por meio de canais digitais pode ajudar a manter relacionamentos e reduzir sentimentos de isolamento.

Voltando-se para os ensinamentos islâmicos: O islamismo fornece vários ensinamentos sobre como lidar com a solidão e buscar conforto em tempos de angústia. O Profeta Muhammad (que a paz esteja com ele) e o Alcorão oferecem orientação sobre paciência, confiança em Alá e busca de consolo por meio da adoração. Refletir sobre esses ensinamentos e aplicá-los à sua situação pode fornecer suporte espiritual e um senso de conexão.

Estabelecendo Expectativas Realistas: Ajustar-se a uma nova fé e comunidade envolve um processo de adaptação e paciência. Estabeleça expectativas realistas para si mesmo e entenda que construir conexões e superar sentimentos de solidão leva tempo. Seja gentil consigo mesmo e reconheça o progresso que você faz ao longo do caminho.

Em resumo, lidar com o isolamento e a solidão envolve uma abordagem multifacetada que inclui práticas espirituais, construção de conexões comunitárias, busca por interesses pessoais e busca por apoio profissional, se necessário. Ao abraçar os ensinamentos islâmicos, se envolver com a comunidade e manter um estilo de vida saudável, as novas mulheres muçulmanas podem navegar por esses desafios e encontrar um senso de pertencimento e realização. A jornada de superação do isolamento e da solidão é contínua, mas com paciência, apoio e fé, é possível encontrar paz e conexão.

Capítulo 19: Gerenciando o estresse e a ansiedade como um novo muçulmano

A transição para uma nova fé e estilo de vida pode ser estimulante e avassaladora, muitas vezes levando ao estresse e à ansiedade. Como um novo muçulmano, administrar esses sentimentos de forma eficaz é crucial para manter o bem-estar emocional e promover uma jornada espiritual positiva. Este capítulo explora estratégias para administrar o estresse e a ansiedade, incorporando ensinamentos islâmicos e abordagens práticas para ajudar novos muçulmanos a navegar em seu novo caminho com resiliência e paz.

Compreendendo o estresse e a ansiedade: O estresse e a ansiedade são respostas naturais aos desafios e mudanças da vida. Para novos muçulmanos, esses sentimentos podem ser desencadeados por vários fatores, como adaptação a novas práticas religiosas, integração a uma nova comunidade ou equilíbrio entre fé e responsabilidades pessoais e profissionais existentes. Reconhecer essas emoções e entender suas fontes é o primeiro passo para lidar com elas de forma construtiva.

Práticas espirituais para gerenciar o estresse: O islamismo oferece várias práticas espirituais que podem ajudar a aliviar o estresse e a ansiedade. A oração regular (Salah) fornece um tempo estruturado para reflexão e conexão com Alá, oferecendo uma sensação de calma e segurança. Engajar-se em Dhikr (lembrança de Alá) e recitar versos do Alcorão também pode fornecer conforto e reduzir a ansiedade. A prática de fazer Dua (súplica) permite que os indivíduos expressem suas preocupações e busquem o apoio e a orientação de Alá durante os momentos difíceis.

Desenvolvendo uma rede de apoio forte: Construir uma rede de apoio dentro da comunidade muçulmana pode ajudar a gerenciar sentimentos de estresse e ansiedade. Conectar-se com outros muçulmanos que entendem suas experiências e desafios pode oferecer apoio emocional e conselhos práticos. Participar de eventos comunitários, juntar-se a grupos de estudo e se envolver em atividades sociais pode criar um senso de pertencimento e reduzir sentimentos de isolamento.

Buscando conhecimento e orientação: Obter uma compreensão mais profunda dos ensinamentos e práticas islâmicos pode aliviar a ansiedade relacionada às práticas religiosas. Aprender sobre os princípios do islamismo, o significado de vários rituais e os ensinamentos do Profeta Muhammad (que a paz esteja com ele) pode fornecer clareza e confiança. Buscar orientação de mentores experientes ou estudiosos islâmicos pode ajudar a abordar preocupações específicas e fornecer segurança.

Praticando autocuidado e atenção plena: Incorporar práticas de autocuidado e atenção plena em rotinas diárias pode ajudar a controlar o estresse e a ansiedade. Atividades como meditação, exercícios de respiração profunda e técnicas de relaxamento podem promover o bem-estar mental e emocional. Além disso, manter um estilo de vida saudável por meio de nutrição balanceada, exercícios regulares e sono adequado apoia a resiliência geral e reduz os níveis de estresse.

Estabelecendo metas e expectativas realistas: Ajustar-se a uma nova fé e estilo de vida envolve uma curva de aprendizado, e estabelecer metas realistas pode ajudar a controlar o estresse. Evite sobrecarregar-se com a pressão de dominar todos os aspectos de sua nova fé imediatamente. Em vez disso, concentre-se no progresso gradual, definindo marcos alcançáveis e celebrando pequenos sucessos. Essa abordagem ajuda a construir confiança e reduz sentimentos de inadequação ou frustração.

Encontrando Equilíbrio e Gerenciando Responsabilidades: Equilibrar obrigações religiosas com responsabilidades pessoais e profissionais pode ser desafiador. Estabelecer uma rotina estruturada que inclua tempo para oração, adoração, trabalho e atividades pessoais pode ajudar a gerenciar o estresse e manter um senso de ordem. Priorizar tarefas, delegar responsabilidades quando possível e estabelecer limites são essenciais para gerenciar a carga de trabalho e reduzir o estresse.

Buscando ajuda profissional: se o estresse e a ansiedade se tornarem opressivos ou persistentes, buscar apoio de profissionais de saúde mental pode ser benéfico. Terapeutas ou conselheiros podem fornecer estratégias e ferramentas para gerenciar a ansiedade e oferecer um espaço seguro para discutir desafios pessoais. O apoio profissional complementa as práticas espirituais e o apoio comunitário no tratamento de preocupações com a saúde mental.

Aplicando os ensinamentos islâmicos sobre paciência e confiança: O islamismo ensina a importância da paciência (Sabr) e da confiança (Tawakkul) no plano de Allah. Refletir sobre esses ensinamentos pode fornecer conforto e perspectiva durante momentos estressantes. Entender que as provações são parte da vida e confiar na sabedoria de Allah pode ajudar a mudar o foco das preocupações imediatas para uma perspectiva mais ampla e esperançosa.

Engajar-se em Atividades Positivas: Engajar-se em atividades que trazem alegria e realização pode ajudar a controlar o estresse e melhorar o bem-estar emocional. Pratique hobbies, passe tempo com pessoas queridas e participe de atividades que se alinhem com seus interesses e valores. Experiências e interações positivas podem proporcionar alívio do estresse e contribuir para uma vida mais equilibrada e gratificante.

Criando um Plano de Suporte Pessoal: Desenvolva um plano de suporte pessoal que inclua estratégias e recursos para gerenciar o estresse e a ansiedade. Identifique atividades que o ajudem a relaxar, procure indivíduos ou grupos de apoio e estabeleça rotinas que promovam o bem-estar. Ter um plano em vigor pode fornecer uma sensação de controle e prontidão ao enfrentar situações desafiadoras.

Em resumo, gerenciar o estresse e a ansiedade como um novo muçulmano envolve uma combinação de práticas espirituais, apoio comunitário, autocuidado e estratégias práticas. Abraçar os ensinamentos islâmicos, buscar conhecimento e manter um estilo de vida equilibrado pode ajudar a aliviar sentimentos de estresse e ansiedade. Ao definir metas realistas, buscar ajuda profissional se necessário e se envolver em atividades positivas, os novos muçulmanos podem navegar em sua jornada com resiliência e paz. O processo de gerenciamento do estresse e da ansiedade é contínuo, mas com paciência, apoio e fé, é possível cultivar uma sensação de calma e bem-estar.

Capítulo 20: Superando equívocos culturais e religiosos

Conceitos errôneos culturais e religiosos podem impactar significativamente as experiências de novas mulheres muçulmanas, frequentemente criando barreiras à compreensão e aceitação. Esses conceitos errôneos podem surgir de mal-entendidos sobre crenças e práticas islâmicas, bem como de diferenças culturais. Superar esses conceitos errôneos envolve educação, diálogo e uma abordagem de mente aberta. Este capítulo explora estratégias para abordar e superar conceitos errôneos culturais e religiosos, tanto dentro de si mesmo quanto nas interações com os outros.

Entendendo Equívocos: Equívocos sobre o islamismo e as práticas muçulmanas geralmente decorrem da falta de informações precisas e exposição. Esses equívocos podem incluir estereótipos sobre práticas islâmicas, mal-entendidos sobre obrigações religiosas e confusão sobre tradições culturais versus religiosas. Entender as causas raiz desses equívocos é crucial para lidar com eles de forma eficaz.

Educando a si mesmo e aos outros: Uma das maneiras mais eficazes de superar equívocos é por meio da educação. Como um novo muçulmano, investir tempo em aprender sobre os ensinamentos islâmicos, história e práticas culturais pode fornecer clareza e confiança. Entender os princípios fundamentais do islamismo, como os Cinco Pilares, os ensinamentos do Profeta Muhammad (que a paz esteja com ele) e o significado do Alcorão, prepara você para lidar com mal-entendidos com precisão.

Engajando-se em Diálogo Aberto: O diálogo aberto e respeitoso é a chave para dissipar equívocos. Envolva-se em conversas com amigos, familiares e colegas sobre o islamismo e suas práticas. Compartilhe suas experiências e explique os aspectos do islamismo que podem ser mal compreendidos. Aborde essas conversas com paciência e empatia, reconhecendo que mudar crenças profundamente arraigadas leva tempo.

Lidando com estereótipos e mal-entendidos: Estereótipos sobre mulheres muçulmanas, como equívocos sobre modéstia, hijab e papéis dentro da família, podem ser particularmente desafiadores. É importante abordar esses estereótipos diretamente e fornecer contexto. Por exemplo, explicar as diversas práticas culturais dentro do mundo muçulmano e a escolha pessoal por trás do uso do hijab pode ajudar a dissipar mitos e promover uma compreensão mais matizada.

Destacando Valores Comuns: Enfatizar valores comuns compartilhados entre o islamismo e outros sistemas de crenças pode ajudar a preencher lacunas e promover o respeito mútuo. Discutir princípios compartilhados como compaixão, justiça e valores familiares pode criar um ponto em comum e desafiar estereótipos negativos. Ao destacar essas semelhanças, você pode construir conexões e encorajar uma visão mais positiva do islamismo.

Aproveitando a mídia e os recursos: Utilizar recursos de mídia precisos e confiáveis pode ajudar a superar equívocos. Compartilhe artigos educacionais, livros, documentários e sites que forneçam informações factuais sobre o islamismo e as práticas muçulmanas. Os recursos de mídia podem oferecer insights sobre as diversas experiências dos muçulmanos e desafiar os estereótipos predominantes.

Construindo relacionamentos positivos: Desenvolver relacionamentos positivos com pessoas de diversas origens pode ajudar a combater equívocos. Envolva-se em atividades comunitárias, trabalho voluntário e eventos inter-religiosos que promovam compreensão e colaboração. Construir relacionamentos baseados em respeito mútuo e objetivos compartilhados pode dissipar equívocos e promover um ambiente mais inclusivo.

Modelando Valores Islâmicos: Demonstrar valores islâmicos por meio de suas ações e comportamento pode ter um impacto poderoso nas percepções dos outros. Exemplifique princípios como honestidade, gentileza e respeito em suas interações. Ao incorporar esses valores, você pode desafiar estereótipos negativos e mostrar os aspectos positivos do islamismo.

Buscando apoio de líderes comunitários: Líderes comunitários e organizações islâmicas podem desempenhar um papel crucial em abordar equívocos e promover o entendimento. Busque apoio de líderes de mesquitas locais, educadores islâmicos e ativistas comunitários que podem fornecer orientação e recursos para divulgação educacional. Esforços colaborativos com esses líderes podem amplificar a mensagem e atingir um público mais amplo.

Encorajando o aprendizado contínuo: Promova uma cultura de aprendizado contínuo e curiosidade sobre o islamismo. Encoraje outros a fazer perguntas, buscar conhecimento e explorar mais os ensinamentos islâmicos. Oferecer oportunidades de aprendizado, como palestras, workshops e grupos de discussão, pode ajudar a lidar com equívocos e promover o entendimento informado.

Abordando Equívocos Dentro da Comunidade Muçulmana: Equívocos também podem surgir dentro da comunidade muçulmana, especialmente em relação a práticas culturais e interpretações dos ensinamentos islâmicos. Engajar-se em diálogo interno e educação dentro da comunidade pode abordar essas questões e promover uma compreensão mais precisa e unificada do Islã.

Navegando pelas diferenças culturais: Distinguir entre práticas culturais e ensinamentos religiosos é importante para lidar com equívocos. Muitas práticas atribuídas ao islamismo podem, na verdade, estar enraizadas em tradições culturais específicas, em vez de princípios islâmicos. Esclareça essas distinções para evitar confundir práticas culturais com obrigações religiosas.

Promovendo Representação Positiva na Mídia: Advogue por representação precisa e positiva dos muçulmanos na mídia. Apoie projetos e iniciativas de mídia que destaquem a diversidade e as contribuições dos muçulmanos. Representações positivas na mídia podem ajudar a neutralizar estereótipos e fornecer uma visão mais equilibrada do islamismo e das comunidades muçulmanas.

Respondendo a Críticas Construtivamente: Quando confrontado com críticas ou comentários negativos sobre o Islã, responda de forma construtiva e respeitosa. Use essas oportunidades para fornecer informações precisas e abordar equívocos. Mantenha um comportamento calmo e composto, e concentre-se em promover a compreensão em vez de se envolver em conflitos.

Desenvolvendo Resiliência Pessoal: Superar equívocos pode ser desafiador e pode envolver enfrentar preconceito ou hostilidade. Desenvolver resiliência pessoal e manter um forte senso de si mesmo pode ajudar a navegar por essas dificuldades. Confie na sua fé, busque apoio da sua comunidade e permaneça comprometido em promover a compreensão e o diálogo.

Incentivar iniciativas inter-religiosas: Apoie e participe de iniciativas inter-religiosas que promovam respeito e compreensão mútuos. Engajar-se com indivíduos de diferentes origens religiosas em discussões e projetos colaborativos pode ajudar a quebrar barreiras e promover uma sociedade mais inclusiva e informada.

Avaliando o progresso e adaptando estratégias: Avalie regularmente a eficácia de seus esforços para abordar equívocos e esteja aberto a adaptar suas estratégias conforme necessário. Reflita sobre o progresso feito, busque feedback e continue buscando oportunidades de educação e diálogo.

Em resumo, superar equívocos culturais e religiosos envolve uma abordagem multifacetada que inclui educação, diálogo e engajamento positivo. Ao entender as causas raiz dos equívocos, educar a si mesmo e aos outros e participar ativamente de iniciativas comunitárias e inter-religiosas, você pode ajudar a dissipar mitos e promover uma compreensão mais precisa e respeitosa do islamismo. Adotar essas estratégias com paciência e resiliência pode contribuir para uma sociedade mais inclusiva e informada.

Capítulo 21: Direitos das Mulheres no Islã

Os ensinamentos islâmicos sobre os direitos das mulheres são frequentemente mal compreendidos ou mal representados, levando a vários equívocos sobre o papel e o status das mulheres no islamismo. Este capítulo visa esclarecer esses ensinamentos, destacando os direitos e responsabilidades das mulheres conforme delineados no Alcorão e na Sunnah. Ao explorar o contexto histórico, as evidências bíblicas e as implicações práticas, pretendemos fornecer uma compreensão abrangente dos direitos das mulheres no islamismo.

Contexto histórico dos direitos das mulheres no islamismo: O advento do islamismo trouxe reformas significativas ao status e aos direitos das mulheres na Arábia do século VII, onde as mulheres eram frequentemente marginalizadas e careciam de direitos básicos. O islamismo introduziu medidas para proteger a dignidade das mulheres, garantir seus direitos econômicos e sociais e promover seu bem-estar. Essas reformas foram revolucionárias para sua época e lançaram as bases para o reconhecimento dos direitos das mulheres.

Igualdade e Dignidade: O Alcorão enfatiza a dignidade inerente e a igualdade de todos os seres humanos, incluindo as mulheres. Na Surata An-Nisa (4:32), é declarado: "E os homens não são como as mulheres." Este versículo é frequentemente interpretado no contexto de papéis complementares, não em termos de superioridade ou inferioridade. Os princípios de igualdade no Alcorão destacam que homens e mulheres são iguais em seu valor espiritual e em sua responsabilidade perante Alá.

Direitos à Educação e ao Conhecimento: O Islã encoraja tanto homens quanto mulheres a buscar conhecimento. O Profeta Muhammad (que a paz esteja com ele) enfatizou a importância da educação para todos os muçulmanos, independentemente do gênero.

O famoso Hadith, "Buscar conhecimento é uma obrigação de todo muçulmano" (Ibn Majah), ressalta que a educação é um direito fundamental para as mulheres, permitindo que elas contribuam efetivamente para a sociedade e realizem seu potencial pessoal.

Direitos à Propriedade e Independência Financeira: As mulheres no Islã têm o direito de possuir, administrar e herdar propriedades. O Alcorão concede explicitamente às mulheres o direito de herdar propriedades de seus parentes (Surah An-Nisa, 4:7), uma reforma significativa na Arábia pré-islâmica, onde as mulheres não tinham direitos de herança. As mulheres também podem se envolver em negócios, ganhar renda e administrar suas finanças de forma independente.

Casamento e Direitos da Família: O islamismo fornece às mulheres direitos específicos dentro da instituição do casamento. O consentimento da mulher é necessário para o casamento, garantindo que ela tenha voz na escolha de seu cônjuge (Surah An-Nisa, 4:19). O Alcorão também enfatiza a importância do respeito mútuo, gentileza e justiça no casamento, e o Profeta Muhammad (que a paz esteja com ele) destacou a necessidade de tratamento equitativo das esposas. As mulheres também têm o direito a um contrato matrimonial que descreva seus direitos e responsabilidades.

Direitos em Divórcio e Custódia: Em casos de divórcio, a lei islâmica fornece às mulheres o direito a tratamento justo e apoio financeiro. O Alcorão descreve disposições para 'iddah (período de espera) e manutenção durante este período (Surah Al-Baqarah, 2:241). As mulheres também têm o direito de buscar o divórcio sob certas circunstâncias, conhecidas como "Talaq" e "Khula", garantindo que elas não fiquem presas em situações desfavoráveis. A lei islâmica também aborda os direitos de custódia, priorizando o bem-estar das crianças e garantindo que ambos os pais contribuam para sua educação.

Proteção contra abuso: O islamismo condena todas as formas de abuso e violência contra as mulheres. O Alcorão defende a gentileza e o respeito em todas as interações (Surah An-Nisa, 4:36), e o Profeta Muhammad (que a paz esteja com ele) falou fortemente contra a violência doméstica, afirmando que os melhores entre os crentes são aqueles que são os melhores para suas famílias. O islamismo fornece estruturas legais e éticas para proteger as mulheres de danos e garantir sua segurança.

Participação na Vida Pública: As mulheres no islamismo têm o direito de participar da vida pública e social. Exemplos históricos incluem figuras femininas proeminentes como Khadijah bint Khuwaylid, que era uma empresária bem-sucedida, e Aisha bint Abu Bakr, que era uma conceituada acadêmica e conselheira. O islamismo apoia o envolvimento das mulheres em vários campos, incluindo política, educação e serviço comunitário, refletindo seu papel ativo na sociedade.

Abordando Equívocos: Equívocos sobre os direitos das mulheres no islamismo frequentemente decorrem de práticas culturais ou interpretações errôneas dos ensinamentos islâmicos. É importante diferenciar entre tradições culturais e princípios religiosos, pois algumas práticas atribuídas ao islamismo podem, na verdade, ser culturais e não religiosas. Abordar esses equívocos requer uma compreensão completa das fontes islâmicas e da distinção entre normas culturais e diretrizes religiosas.

Aplicações Contemporâneas: Em contextos contemporâneos, os princípios dos direitos das mulheres no Islã podem ser aplicados para abordar desafios contínuos e promover a equidade de gênero. Defender os direitos das mulheres com base nos ensinamentos islâmicos envolve trabalhar em direção a reformas legais, oportunidades educacionais e sistemas de apoio social que se alinhem aos valores de justiça e respeito delineados no Alcorão e na Sunnah.

Promovendo a Equidade de Gênero: Os ensinamentos do Islã sobre os direitos das mulheres enfatizam a justiça, o respeito e a igualdade. Promover a equidade de gênero envolve implementar esses princípios em contextos pessoais e sociais. Apoiar iniciativas que melhorem o acesso das mulheres à educação, à saúde e às oportunidades econômicas pode ajudar a concretizar os objetivos da equidade de gênero alinhados aos valores islâmicos.

Encorajando o Empoderamento: Empoderar mulheres envolve reconhecer seus direitos, apoiar seu desenvolvimento pessoal e permitir sua participação ativa na sociedade. Os ensinamentos do Islã encorajam o empoderamento das mulheres ao fornecer a elas as ferramentas e oportunidades para ter sucesso e contribuir positivamente para suas comunidades.

Refletindo sobre os Ensinamentos Islâmicos: Entender e refletir sobre os ensinamentos do Islã em relação aos direitos das mulheres pode promover uma perspectiva mais precisa e informada. Engajar-se com estudiosos islâmicos, participar de programas educacionais e estudar o Alcorão e o Hadith pode aumentar a compreensão e a aplicação desses princípios na vida cotidiana.

Em resumo, os direitos das mulheres no islamismo estão enraizados em princípios de igualdade, dignidade e justiça. O Alcorão e a Sunnah fornecem diretrizes abrangentes que apoiam os direitos das mulheres à educação, propriedade, casamento e participação pública, ao mesmo tempo em que condenam o abuso e promovem o respeito. Abordar conceitos errôneos e aplicar esses princípios em contextos contemporâneos pode ajudar a promover a equidade de gênero e empoderar as mulheres de acordo com os ensinamentos islâmicos. Por meio da educação, advocacia e aplicação prática, os direitos e papéis das mulheres no islamismo podem ser compreendidos e adotados mais completamente, contribuindo para uma sociedade mais justa e equitativa.

Capítulo 22: Casamento e vida familiar

Casamento e vida familiar no islamismo são componentes centrais da fé, incorporando princípios de amor, respeito e responsabilidade mútua. Este capítulo explora a perspectiva islâmica sobre casamento e vida familiar, delineando os direitos e responsabilidades dos cônjuges, o papel da família nos ensinamentos islâmicos e conselhos práticos para construir e manter uma vida familiar saudável e harmoniosa.

O Conceito de Casamento no Islã: No Islã, o casamento é considerado um contrato sagrado e um meio de satisfazer necessidades emocionais, sociais e espirituais. É visto como uma parceria baseada em amor mútuo, respeito e cooperação. O Alcorão descreve o casamento como uma fonte de tranquilidade e companheirismo, afirmando na Surata Ar-Rum (30:21): "E dos Seus sinais é que Ele criou para vocês, de vocês mesmos, companheiras para que vocês possam encontrar tranquilidade nelas."

A Importância do Consentimento: O consentimento é um aspecto fundamental do casamento islâmico. Ambas as partes devem concordar com o casamento, e o consentimento da noiva é essencial para a validade do contrato de casamento. O Profeta Muhammad (que a paz esteja com ele) enfatizou a importância do consentimento mútuo, dizendo: "Uma mulher pode se casar por quatro coisas: sua riqueza, sua linhagem, sua beleza e seu compromisso religioso. Escolha aquela que é religiosa e você prosperará" (Sahih al-Bukhari). Este Hadith ressalta que o compromisso religioso e o respeito mútuo são fatores-chave em um casamento bem-sucedido.

Direitos e responsabilidades dos cônjuges: No islamismo, tanto o marido quanto a esposa têm direitos e responsabilidades específicos. O marido é geralmente considerado o provedor e protetor da família, enquanto a esposa é reconhecida como a dona de casa e parceira. O Alcorão instrui os homens a tratarem suas esposas com gentileza e respeito, afirmando na Surata An-Nisa (4:19): "Viva com elas com gentileza". Da mesma forma, as mulheres são encorajadas a apoiar e respeitar seus maridos, contribuindo para um relacionamento equilibrado e de apoio.

O Contrato de Casamento (Nikah): O Nikah, ou contrato de casamento, é um acordo formal que descreve os direitos e responsabilidades de ambos os cônjuges. Inclui disposições como o Mahr (dote), que é um presente obrigatório do marido para a esposa. O contrato de casamento serve como uma estrutura legal e ética para o casamento, garantindo clareza e entendimento mútuo.

Construindo um Relacionamento Forte: Construir um casamento bem-sucedido envolve esforços contínuos para nutrir o relacionamento. Comunicação eficaz, respeito mútuo e objetivos compartilhados são essenciais para manter uma parceria saudável e harmoniosa. O Profeta Muhammad (que a paz esteja com ele) enfatizou a importância do bom caráter e da paciência no casamento, dizendo: "Os melhores de vocês são aqueles que são os melhores para suas famílias" (Tirmidhi).

Parentalidade e vida familiar: A parentalidade é uma responsabilidade significativa no islamismo, e criar filhos com bom caráter e valores é altamente enfatizado. O Alcorão e o Hadith fornecem orientação sobre parentalidade eficaz, incluindo a importância de fornecer um ambiente amoroso e de apoio. O Profeta Muhammad (que a paz esteja com ele) encorajou os pais a educar seus filhos, dizendo: "Ensine boas maneiras aos seus filhos e alimente-os com boa comida" (Ahmad).

Mantendo os laços familiares: Fortes laços familiares são altamente valorizados no islamismo. Manter relacionamentos próximos com os membros da família estendida e honrar os pais são aspectos essenciais da vida familiar. O Alcorão instrui os crentes a serem obedientes aos seus pais e a manter as conexões familiares, como visto na Surata Al-Isra (17:23), "E teu Senhor decretou que não adorásseis senão a Ele, e aos pais, bom tratamento."

Resolução de conflitos: Conflitos e desentendimentos são naturais em qualquer relacionamento. O islamismo fornece diretrizes para resolver conflitos com paciência, justiça e consulta mútua. O Alcorão aconselha resolver disputas amigavelmente e buscar reconciliação, afirmando na Surata An-Nisa (4:128): "E se uma mulher teme de seu marido um sentimento de má conduta ou evasão, não há culpa sobre ambos se eles fizerem termos de paz entre si."

Equilibrando a vida familiar e pessoal: Equilibrar as responsabilidades familiares com objetivos pessoais e profissionais é um desafio que muitos indivíduos enfrentam. O islamismo encoraja uma abordagem equilibrada, enfatizando a importância de cumprir as obrigações familiares enquanto busca o crescimento pessoal e contribui para a sociedade. O Profeta Muhammad (que a paz esteja com ele) modelou esse equilíbrio por meio de sua própria vida, mostrando dedicação tanto à sua família quanto à comunidade.

Diretrizes Islâmicas para Papéis de Gênero: Os ensinamentos islâmicos descrevem papéis complementares para homens e mulheres dentro da família, enfatizando apoio mútuo e cooperação. Enquanto papéis tradicionais podem influenciar a dinâmica familiar, o Islã defende a flexibilidade e a compreensão, permitindo a adaptação de papéis com base em circunstâncias e necessidades individuais.

O Papel do Amor e da Compaixão: O amor e a compaixão são fundamentais para o casamento islâmico e a vida familiar. O Alcorão descreve o relacionamento entre os cônjuges como um de amor e misericórdia, afirmando na Surata Ar-Rum (30:21): "E Ele colocou entre vocês afeição e misericórdia." Cultivar o amor e a compaixão envolve mostrar empatia, gentileza e apoio tanto nas interações diárias quanto nos eventos significativos da vida.

Apoiando os objetivos um do outro: Incentivar e apoiar os objetivos pessoais e profissionais um do outro é importante em um casamento. Os parceiros devem trabalhar juntos para atingir suas aspirações, mantendo um ambiente de apoio e nutrição. O incentivo mútuo e os objetivos compartilhados contribuem para uma parceria gratificante e bem-sucedida.

Lidando com Desafios Externos: Desafios externos, como dificuldades financeiras ou pressões sociais, podem impactar a vida familiar. O islamismo encoraja a resiliência e o apoio mútuo durante tempos desafiadores. O Profeta Muhammad (que a paz esteja com ele) forneceu orientação sobre como enfrentar dificuldades com paciência e confiança em Alá, demonstrando como navegar por pressões externas enquanto mantém fortes laços familiares.

Celebrando Marcos e Conquistas: Celebrar marcos e conquistas, tanto pessoais quanto coletivas, promove um senso de unidade e apreciação dentro da família. O islamismo encoraja o reconhecimento de realizações e a expressão de gratidão, contribuindo para um ambiente familiar positivo e de apoio.

Buscando Orientação e Suporte: Buscar orientação de estudiosos e conselheiros islâmicos pode ser benéfico para abordar questões complexas relacionadas ao casamento e à vida familiar. Aconselhamento e suporte profissional podem fornecer insights e soluções valiosos, ajudando indivíduos a navegar por desafios e fortalecer seus relacionamentos familiares.

Refletindo sobre os ensinamentos islâmicos: refletir sobre os ensinamentos islâmicos sobre o casamento e a vida familiar pode fornecer uma compreensão e apreciação mais profundas desses princípios. Estudar o Alcorão, Hadith e as vidas do Profeta Muhammad (que a paz esteja com ele) e seus companheiros pode oferecer lições valiosas e inspiração para nutrir um ambiente familiar amoroso e solidário.

Em resumo, o casamento e a vida familiar no islamismo são guiados por princípios de amor, respeito e responsabilidade mútua. Os ensinamentos do Alcorão e do Hadith fornecem uma estrutura para construir e manter relacionamentos saudáveis, abordar conflitos e cumprir obrigações familiares. Ao aplicar esses princípios e buscar orientação quando necessário, os indivíduos podem promover relacionamentos familiares fortes e harmoniosos, contribuindo para uma vida plena e equilibrada de acordo com os valores islâmicos.

Capítulo 23: Divórcio e Separação no Islã

Divórcio e separação são aspectos sensíveis e frequentemente desafiadores da vida familiar. No islamismo, esses processos são governados por princípios projetados para garantir justiça, respeito e proteção de direitos para todas as partes envolvidas. Este capítulo explora a perspectiva islâmica sobre divórcio e separação, delineando os ensinamentos, procedimentos e diretrizes relevantes para navegar nesses processos com dignidade e compaixão.

A Visão Islâmica Sobre o Divórcio: O Islã reconhece o divórcio como um ato lícito, mas desaprovado, concebido como um último recurso quando a reconciliação não é possível. O Alcorão aborda o divórcio na Surata Al-Baqarah (2:231), afirmando: "E quando vocês se divorciarem de mulheres e elas tiverem chegado ao seu termo, ou as mantenham de uma maneira boa ou as liberem de uma maneira boa." Este versículo ressalta a importância de tratar uns aos outros com gentileza e respeito durante todo o processo.

Tipos de divórcio: O divórcio islâmico pode ocorrer por meio de vários mecanismos, incluindo:

1. **Talaq (Divórcio pelo Marido):** O marido inicia esta forma de divórcio. O processo envolve um período de espera ('iddah) durante o qual a esposa não pode se casar novamente. Este período de espera permite reflexão, reconciliação e garante que quaisquer potenciais filhos do casamento sejam reconhecidos.

2. **Khula (Divórcio pela Esposa):** A esposa pode pedir o divórcio por meio do khula se estiver insatisfeita com o casamento. Esse processo exige que a esposa devolva o mahr (dote) ou uma compensação acordada ao marido. O khula permite que a esposa inicie o divórcio, mantendo sua dignidade.

3. **Acordo Mútuo:** Ambos os cônjuges podem concordar com o divórcio por consentimento mútuo. Essa abordagem envolve negociações e acordos sobre termos, como acordos financeiros e arranjos de custódia, para garantir justiça para ambas as partes.

O processo de divórcio: O processo de divórcio envolve várias etapas para garantir que seja conduzido de forma justa e respeitosa:

1. **Início do Divórcio:** O marido ou a esposa inicia o processo de divórcio de acordo com o mecanismo escolhido. No caso de talaq, o marido declara o divórcio na presença de testemunhas, seguindo os períodos de espera prescritos.
2. **Período de espera ('Iddah):** O período de espera permite tempo para reconciliação e garante que quaisquer filhos em potencial sejam reconhecidos. Durante esse tempo, a esposa permanece no lar conjugal e recebe manutenção e suporte.
3. **Finalização do Divórcio:** Após o período de espera, se a reconciliação não tiver ocorrido, o divórcio é finalizado. O casal deve liquidar quaisquer obrigações financeiras e distribuição de bens. Esta fase envolve garantir que todos os direitos sejam respeitados e que ambas as partes sejam tratadas de forma equitativa.

Direitos e responsabilidades: Os ensinamentos islâmicos enfatizam a proteção de direitos e responsabilidades durante o divórcio:

1. **Apoio Financeiro:** O marido é obrigado a fornecer apoio financeiro durante o período de espera. Isso inclui manutenção e moradia, garantindo que a esposa não fique em uma posição vulnerável.
2. **Custódia de Crianças:** Os acordos de custódia são baseados

no bem-estar das crianças. A lei islâmica prioriza os melhores interesses das crianças, levando em consideração fatores como sua idade e necessidades. Ambos os pais têm direitos e responsabilidades na criação e cuidado de seus filhos.

3. **Propriedade e dote:** A distribuição de propriedade e dote é abordada de acordo com os princípios islâmicos. A esposa tem direito ao seu mahr (dote) e a quaisquer acordos financeiros acordados. A propriedade adquirida durante o casamento é geralmente dividida com base em acordos mútuos ou estruturas legais.

Apoio emocional e social: O divórcio pode ser emocionalmente desafiador para ambas as partes. O islamismo encoraja a compaixão e o apoio durante esse período. Buscar apoio de familiares, amigos e recursos comunitários pode ajudar os indivíduos a navegar pelos aspectos emocionais do divórcio e fazer a transição para uma nova fase da vida.

Reconciliação e Novo Casamento: O Islã encoraja a reconciliação como uma solução preferencial antes de finalizar o divórcio. O Alcorão destaca a importância de dar ao casamento todas as chances possíveis e buscar mediação, se necessário. Se o divórcio ocorrer, o novo casamento é permitido, e os indivíduos são encorajados a buscar novos relacionamentos com respeito e consideração.

Lidando com equívocos: equívocos sobre divórcio no islamismo frequentemente surgem de práticas culturais ou mal-entendidos. É importante distinguir entre normas culturais e ensinamentos islâmicos. A lei islâmica fornece diretrizes claras para garantir que o divórcio seja conduzido de forma justa e respeitosa, com ênfase na proteção dos direitos de todas as partes envolvidas.

Considerações legais e éticas: Além dos princípios religiosos, o divórcio pode envolver considerações legais e éticas, especialmente em contextos contemporâneos. É importante buscar aconselhamento jurídico e garantir que os procedimentos de divórcio sigam os requisitos legais islâmicos e locais. As considerações éticas incluem manter a integridade, a honestidade e o respeito durante todo o processo.

Reflexão e crescimento pessoal: O divórcio pode ser uma oportunidade para reflexão e crescimento pessoal. O islamismo encoraja os indivíduos a buscarem autoaperfeiçoamento, aprender com experiências e manter uma perspectiva positiva. Refletir sobre as lições aprendidas com o casamento e o divórcio pode contribuir para o desenvolvimento pessoal e relacionamentos futuros.

Comunidade e Redes de Apoio: Engajar-se com redes comunitárias de apoio pode fornecer assistência valiosa durante e após o divórcio. Organizações islâmicas, serviços de aconselhamento e grupos de apoio podem oferecer orientação, recursos e apoio emocional para ajudar indivíduos a navegar pelos desafios do divórcio e reconstruir suas vidas.

Seguindo em frente: seguir em frente após o divórcio envolve reconstruir e reorientar a vida. O islamismo encoraja os indivíduos a abordar essa nova fase com otimismo e resiliência. Perseguir objetivos pessoais, focar no autocuidado e se envolver em atividades comunitárias pode contribuir para uma vida pós-divórcio gratificante e positiva.

Em resumo, o divórcio e a separação no islamismo são governados por princípios de justiça, respeito e compaixão. O processo envolve procedimentos e diretrizes específicos projetados para proteger os direitos de todas as partes e garantir uma resolução digna. Ao entender e aplicar esses princípios, os indivíduos podem navegar pelo divórcio com integridade e construir uma base para o crescimento e bem-estar futuros.

Capítulo 24: Paternidade no Islã

A parentalidade no islamismo é considerada uma responsabilidade significativa e nobre, abrangendo a orientação e a educação das crianças de acordo com os valores islâmicos. Este capítulo explora os princípios e práticas da parentalidade no islamismo, destacando os direitos e responsabilidades dos pais, a importância da educação e o papel da fé na criação dos filhos.

O Papel dos Pais: No Islã, os pais são vistos como os principais cuidadores e educadores de seus filhos. O Alcorão enfatiza a importância da paternidade, afirmando na Surata Luqman (31:13-14): "E [mencione] quando Luqman disse a seu filho enquanto o instruía: 'Ó meu filho, não se associe a Allah. De fato, associar outros a Ele é uma grande injustiça.' E ordenamos ao homem [cuidar] de seus pais. Sua mãe o carregou em fraqueza após fraqueza, e seu desmame é em dois anos. Seja grato a Mim e a seus pais; a Mim é o destino [final]."

Incutir valores islâmicos: Ensinar às crianças sobre valores e princípios islâmicos é um aspecto fundamental da criação dos filhos. Os pais são encorajados a modelar e transmitir valores como honestidade, gentileza, paciência e respeito. O Profeta Muhammad (que a paz esteja com ele) enfatizou a importância do bom caráter, dizendo: "Os melhores de vocês são aqueles que são os melhores para suas famílias" (Tirmidhi). Ao exemplificar esses valores, os pais ajudam seus filhos a desenvolver uma base moral forte.

Educação e conhecimento: A educação é altamente valorizada no islamismo, e os pais são encorajados a fornecer aos seus filhos educação religiosa e secular. O Profeta Muhammad (que a paz esteja com ele) disse: "Buscar conhecimento é uma obrigação de todo muçulmano" (Ibn Majah). Isso inclui ensinar as crianças sobre o Alcorão, Hadith e princípios islâmicos, bem como garantir que recebam uma educação completa que as prepare para vários aspectos da vida.

Fornecendo Suporte Emocional: Suporte emocional e afeição são cruciais para o desenvolvimento saudável. O Profeta Muhammad (que a paz esteja com ele) demonstrou afeição para com as crianças, frequentemente mostrando gentileza e ternura. O Alcorão também aconselha os pais a serem compassivos e compreensivos, como visto na Surata Al-Furqan (25:74), "E aqueles que dizem, 'Nosso Senhor, concede-nos dentre nossas esposas e descendentes o conforto de nossos olhos e faz de nós um exemplo para os justos.'"

Disciplina e Orientação: A disciplina no Islã deve ser corretiva e construtiva, em vez de punitiva. O Alcorão encoraja o tratamento justo e imparcial, afirmando na Surata An-Nisa (4:36): "E não matem a alma que Allah proibiu, exceto por direito." Os pais são aconselhados a usar sabedoria e paciência ao orientar seus filhos, empregando métodos que promovam a compreensão e o crescimento em vez do medo.

Equilibrando Autoridade e Compaixão: A criação de filhos envolve equilibrar autoridade com compaixão. Embora seja importante estabelecer limites e impor regras, é igualmente importante abordar a criação de filhos com empatia e compreensão. O Profeta Muhammad (que a paz esteja com ele) disse: "Aquele que não mostra misericórdia para com nossos jovens e não reconhece a honra devida aos nossos mais velhos não é um de nós" (Abu Dawood). Esse equilíbrio ajuda a criar um ambiente acolhedor onde as crianças se sentem seguras e valorizadas.

Encorajando o Bom Comportamento: Encorajar o comportamento positivo e recompensar as conquistas pode motivar as crianças a seguir os ensinamentos islâmicos e desenvolver bons hábitos. O Profeta Muhammad (que a paz esteja com ele) frequentemente elogiava e encorajava as crianças por suas boas ações, reforçando o comportamento positivo por meio do reconhecimento e apoio.

Ensinando Responsabilidade e Prestação de Contas: Incutir um senso de responsabilidade e prestação de contas é essencial para desenvolver indivíduos maduros e autossuficientes. Os pais devem envolver seus filhos nos processos de tomada de decisão e ensiná-los sobre as consequências de suas ações. O Alcorão afirma na Surata Al-Ankabut (29:69), "E aqueles que se esforçam por Nós - Nós certamente os guiaremos para Nossos caminhos." Este versículo destaca a importância do esforço e da responsabilidade na busca de orientação e crescimento pessoal.

Mantendo Fortes Laços Familiares: Fortes laços familiares são vitais para o desenvolvimento emocional e social de uma criança. O islamismo enfatiza a importância de manter relacionamentos próximos com os membros da família e promover um ambiente familiar de apoio. O Profeta Muhammad (que a paz esteja com ele) disse: "Os laços de parentesco não devem ser cortados, mesmo que seja apenas com uma palavra de gentileza" (Sahih al-Bukhari). Construir e manter fortes conexões familiares ajuda as crianças a se sentirem seguras e apoiadas.

Promovendo Saúde e Bem-estar: Garantir a saúde física e o bem-estar das crianças é um aspecto fundamental da criação dos filhos. Isso inclui fornecer alimentos nutritivos, encorajar a atividade física e abordar as preocupações com a saúde prontamente. O Profeta Muhammad (que a paz esteja com ele) encorajou uma vida saudável, afirmando: "Seu corpo tem direito sobre você" (Sahih al-Bukhari). Os pais devem modelar e promover hábitos saudáveis para apoiar o bem-estar geral de seus filhos.

Guiando as crianças através dos desafios: As crianças enfrentarão vários desafios à medida que crescem. O islamismo fornece orientação sobre como apoiar as crianças através das dificuldades, incluindo manter a paciência, oferecer encorajamento e buscar soluções juntos. O Alcorão aconselha buscar a ajuda e orientação de Allah em tempos de dificuldades, como visto na Surata Al-Baqarah (2:286), "Allah não sobrecarrega uma alma além do que ela pode suportar."

Promovendo um relacionamento com Alá: Ajudar as crianças a desenvolver um relacionamento forte com Alá é um aspecto central da criação islâmica. Os pais devem ensinar as crianças sobre a importância da fé, da oração e da confiança em Alá. O Profeta Muhammad (que a paz esteja com ele) disse: "A primeira coisa que você deve ensinar aos seus filhos é amar a Alá" (Sahih al-Bukhari). Incentivar atos regulares de adoração e incutir um senso de espiritualidade ajuda as crianças a se tornarem indivíduos devotos e conscientes.

Encorajando o Envolvimento Comunitário: Envolver crianças em atividades comunitárias e encorajá-las a contribuir positivamente para a sociedade as ajuda a desenvolver um senso de responsabilidade e empatia. O Profeta Muhammad (que a paz esteja com ele) enfatizou a importância do serviço comunitário e de ajudar os outros, dizendo: "As melhores pessoas são aquelas que são mais benéficas para os outros" (Sahih al-Bukhari).

Lidando com conflitos e desobediência: Lidar com conflitos e casos de desobediência requer paciência e comunicação eficaz. Os pais devem abordar os problemas com calma e justiça, buscando entender as perspectivas de seus filhos e orientando-os para um comportamento positivo. O Alcorão aconselha resolver disputas amigavelmente e com compaixão, como visto na Surata An-Nisa (4:128).

Preparando-se para a adolescência: Preparar as crianças para a adolescência envolve fornecer orientação sobre como navegar pelos desafios de crescer, mantendo os valores islâmicos. Comunicação aberta, confiança e apoio são essenciais durante esse período de transição. Os pais devem abordar questões relacionadas à identidade, pressão dos colegas e desenvolvimento pessoal com sensibilidade e compreensão.

Refletindo sobre práticas parentais: refletir sobre as práticas parentais e buscar melhoria contínua é importante para uma parentalidade eficaz. O islamismo encoraja a autorreflexão e o crescimento pessoal, ajudando os pais a adaptarem sua abordagem para atender às necessidades em evolução de seus filhos. O Profeta Muhammad (que a paz esteja com ele) disse: "Os melhores de vocês são aqueles que são os melhores para suas famílias" (Tirmidhi), ressaltando a importância do esforço contínuo e da automelhoria na parentalidade.

Em resumo, a criação de filhos no islamismo envolve uma abordagem abrangente que abrange amor, orientação, educação e apoio. Ao aderir aos princípios islâmicos e se esforçar para fornecer um ambiente acolhedor, os pais podem criar seus filhos de acordo com os valores e princípios islâmicos. Ao modelar um bom comportamento, promover um relacionamento forte com Alá e apoiar o desenvolvimento de seus filhos, os pais cumprem seu papel como cuidadores e educadores, contribuindo para o bem-estar e o sucesso de suas famílias.

Capítulo 25: Leis de herança islâmica

As leis de herança islâmicas são um aspecto fundamental da jurisprudência islâmica, projetadas para garantir justiça, equidade e a proteção dos direitos dos herdeiros. Essas leis são detalhadas no Alcorão e no Hadith e fornecem uma estrutura para distribuir o patrimônio de um indivíduo após sua morte. Este capítulo explora os princípios, regras e aspectos práticos das leis de herança islâmicas.

A Base das Leis Islâmicas de Herança: As leis islâmicas de herança são derivadas principalmente do Alcorão, que descreve cotas específicas para herdeiros. Essas leis visam evitar disputas e garantir que o patrimônio do falecido seja distribuído de uma maneira que respeite os direitos de todos os membros da família. Os versículos do Alcorão sobre herança são encontrados principalmente na Surata An-Nisa (4:7-12, 4:176), fornecendo instruções claras sobre como os patrimônios devem ser divididos.

O Princípio da Equidade: Um dos princípios-chave da lei de herança islâmica é a equidade, garantindo que cada herdeiro receba uma parte justa da propriedade. O Alcorão enfatiza a importância da distribuição justa, como visto na Surata An-Nisa (4:11), que afirma: "Allah ordena a vocês sobre seus filhos: para o homem, o que é igual à parte de duas mulheres." Este princípio reflete um equilíbrio entre as responsabilidades financeiras e as contribuições de cada herdeiro.

Ações Fixas para Herdeiros: As leis de herança islâmica alocam ações fixas para herdeiros específicos, que são descritos no Alcorão. Essas ações são baseadas no relacionamento do herdeiro com o falecido e incluem:

1. **Pais:** Tanto o pai quanto a mãe do falecido têm cotas fixas. A mãe geralmente recebe um sexto do patrimônio se o falecido tiver filhos sobreviventes, e um terço se não houver filhos.

2. **Cônjuge:** As cotas do cônjuge também são fixas. A esposa

recebe um quarto do patrimônio se o falecido tiver filhos, e um oitavo se não houver filhos. O marido recebe metade do patrimônio se o falecido não tiver filhos, e um quarto se houver filhos.

3. **Filhos:** Filhos e filhas têm cotas específicas, com os filhos geralmente recebendo o dobro da cota das filhas. O Alcorão especifica essas cotas para garantir uma distribuição equilibrada entre herdeiros homens e mulheres.

4. **Irmãos:** Se o falecido não tiver filhos ou pais, os irmãos podem herdar. Irmãos e irmãs têm cotas específicas com base em seu relacionamento com o falecido.

5. **Avós e outros parentes:** Avós e outros parentes também podem ter direito a ações, dependendo da presença de parentes mais próximos.

O Papel dos Legados (Wasiyyah): Além das cotas fixas, o falecido pode fazer legados (wasiyyah) para não herdeiros ou para aumentar as cotas de certos herdeiros. No entanto, o valor total alocado por meio de legados não pode exceder um terço do patrimônio. Os legados devem ser feitos de acordo com os princípios islâmicos e não devem entrar em conflito com as cotas fixas alocadas pelas leis de herança.

Dívidas e Obrigações: Antes de distribuir o patrimônio, quaisquer dívidas e obrigações financeiras do falecido devem ser liquidadas. As leis de herança islâmica estipulam que as dívidas têm precedência sobre a distribuição do patrimônio. Isso inclui pagar quaisquer dívidas pendentes, liquidar obrigações financeiras e cumprir quaisquer outros compromissos legais.

Processo de distribuição do patrimônio: A distribuição do patrimônio envolve várias etapas:

1. **Liquidação de dívidas:** todas as dívidas e obrigações financeiras são liquidadas primeiro, garantindo que as responsabilidades do falecido sejam quitadas antes de

qualquer distribuição.

2. **Pagamento de Legados:** Após a quitação das dívidas, quaisquer legados feitos pelo falecido são cumpridos, desde que não excedam um terço do patrimônio.

3. **Distribuição aos herdeiros:** O patrimônio restante é distribuído de acordo com as cotas fixas descritas no Alcorão. Cada herdeiro recebe sua cota alocada com base em seu relacionamento com o falecido.

4. **Lidando com Disputas:** Disputas sobre herança podem surgir, especialmente em situações familiares complexas. Os princípios islâmicos encorajam a resolução de disputas amigavelmente, frequentemente por meio de mediação ou arbitragem, em linha com os ensinamentos islâmicos sobre justiça e imparcialidade.

Direitos de Herança das Mulheres: As leis de herança islâmicas fornecem às mulheres direitos específicos, garantindo que elas recebam sua devida parte da herança. Embora as partes das mulheres possam diferir das dos homens, elas têm garantida uma parte da herança. Isso reflete o princípio da equidade e reconhece as responsabilidades financeiras e contribuições de ambos os gêneros.

Herança e contextos modernos: Em contextos contemporâneos, a aplicação das leis de herança islâmicas pode envolver considerações legais e práticas. Muitos países têm estruturas legais que incorporam ou complementam os princípios de herança islâmicos. Entender e navegar nessas estruturas pode ajudar a garantir que a herança seja tratada de acordo com as leis islâmicas e locais.

Considerações educacionais e práticas: Educar indivíduos sobre as leis de herança islâmicas é crucial para garantir que esses princípios sejam aplicados corretamente. Isso inclui entender as cotas fixas, o papel dos legados e o processo de distribuição de espólios. Conselhos práticos e orientação de estudiosos islâmicos ou especialistas jurídicos podem ajudar indivíduos a navegar em questões de herança de forma eficaz.

Refletindo sobre valores islâmicos: As leis de herança islâmicas refletem valores islâmicos mais amplos de justiça, equidade e respeito pelos direitos familiares. Ao aderir a esses princípios, os indivíduos honram o legado do falecido e mantêm os padrões éticos e legais definidos pelo islamismo.

O papel dos estudiosos islâmicos e especialistas jurídicos: estudiosos islâmicos e especialistas jurídicos desempenham um papel crucial na interpretação e aplicação das leis de herança. Eles fornecem orientação em casos complexos, garantem a conformidade com os princípios islâmicos e ajudam a resolver disputas. Consultar profissionais experientes pode garantir que os assuntos de herança sejam tratados de forma correta e justa.

Em resumo, as leis de herança islâmicas fornecem uma estrutura detalhada e equitativa para distribuir o patrimônio de um indivíduo após a morte. Ao aderir aos princípios descritos no Alcorão e no Hadith, e abordar considerações práticas, os indivíduos podem garantir que a herança seja tratada de uma maneira que respeite os direitos de todos os herdeiros e defenda os valores islâmicos. Entender essas leis e buscar orientação quando necessário pode contribuir para uma resolução justa e imparcial de questões de herança.

Capítulo 26: Adaptação a uma nova identidade cultural

Ajustar-se a uma nova identidade cultural pode ser uma das experiências mais profundas e transformadoras para indivíduos que se convertem ao islamismo. Adotar uma nova fé geralmente envolve navegar não apenas pelos ensinamentos religiosos, mas também pelas práticas e normas culturais associadas. Este capítulo explora o processo de adaptação a uma nova identidade cultural, abordando os desafios, oportunidades e estratégias para integrar os valores islâmicos na vida de alguém, mantendo a autenticidade pessoal.

Abraçando a mudança e a transição: converter-se ao islamismo é uma mudança de vida significativa que geralmente requer um período de adaptação. Essa transição envolve mais do que adotar novas práticas religiosas; ela abrange uma mudança na identidade cultural que pode impactar vários aspectos da vida diária. Abraçar essa mudança com a mente e o coração abertos é crucial para uma transição suave. É importante reconhecer e respeitar o processo de mudança, entendendo que ele envolve tanto crescimento pessoal quanto adaptação a novas normas culturais.

Compreendendo as práticas culturais islâmicas: Cada comunidade muçulmana pode ter suas práticas culturais e tradições únicas que refletem a diversidade dentro do mundo islâmico. Entender e respeitar essas práticas pode ajudar os novos muçulmanos a se integrarem mais efetivamente em suas comunidades. É benéfico abordar essas práticas com curiosidade e abertura, buscando aprender e apreciar a rica tapeçaria cultural que o islamismo abrange.

Equilibrando a identidade pessoal e as novas normas culturais: Um dos principais desafios no ajuste a uma nova identidade cultural é equilibrar a identidade pessoal com as novas normas culturais. É importante integrar os valores islâmicos na vida de alguém, permanecendo fiel às crenças e preferências individuais. Esse equilíbrio requer uma reflexão cuidadosa sobre como as novas práticas culturais se alinham com os valores pessoais e como elas podem ser incorporadas de uma forma que pareça autêntica.

Construindo relacionamentos de apoio: Estabelecer conexões com indivíduos e comunidades de apoio pode facilitar significativamente a transição para uma nova identidade cultural. Engajar-se com comunidades muçulmanas locais, participar de eventos religiosos e buscar orientação de muçulmanos mais experientes pode fornecer orientação e suporte valiosos. Construir relacionamentos com outras pessoas que passaram por transições semelhantes pode oferecer conselhos práticos e suporte emocional durante o processo de ajuste.

Navegando pelas diferenças culturais: Como um novo muçulmano, navegar pelas diferenças culturais pode ser desafiador, especialmente se alguém vem de uma origem cultural diferente. É importante abordar essas diferenças com respeito e abertura, reconhecendo que os ensinamentos islâmicos são universais, mas as expressões culturais de fé podem variar. Abraçar a diversidade dentro da comunidade muçulmana e buscar um ponto em comum pode promover um senso de pertencimento e compreensão.

Adaptando-se a Novas Normas Sociais: Ajustar-se a novas normas sociais é um aspecto significativo da adoção de uma nova identidade cultural. Isso pode envolver mudanças no comportamento social, estilos de comunicação e interações com os outros. Entender e adaptar-se a essas normas sociais pode melhorar a integração e ajudar a evitar mal-entendidos. É útil observar e aprender com os comportamentos dos outros na comunidade, permanecendo fiel aos próprios valores.

Manter relacionamentos familiares e de amigos: Para muitos novos muçulmanos, manter relacionamentos com familiares e amigos de sua origem cultural anterior é um aspecto importante da vida. Comunicar-se aberta e respeitosamente sobre a nova fé e práticas pode ajudar a preencher lacunas e promover a compreensão. É essencial abordar essas conversas com sensibilidade e paciência, reconhecendo que as mudanças na vida de alguém podem levar tempo para que os outros aceitem.

Integrando Práticas Islâmicas na Vida Diária: Integrar práticas islâmicas na vida diária envolve adotar novas rotinas e hábitos que se alinham com os ensinamentos islâmicos. Isso inclui observar orações diárias, praticar jejum durante o Ramadã e se envolver em atividades de caridade. Incorporar gradualmente essas práticas na vida diária pode ajudar a criar um senso de normalidade e tornar a transição para uma nova identidade cultural mais suave.

Gerenciando Expectativas Pessoais: Ajustar-se a uma nova identidade cultural envolve gerenciar expectativas pessoais e estabelecer metas realistas. É importante reconhecer que o processo de transição leva tempo e que é normal enfrentar desafios ao longo do caminho. Ser paciente consigo mesmo e estabelecer metas alcançáveis pode ajudar a navegar neste período de adaptação com maior facilidade e confiança.

Abraçando o Crescimento Pessoal: O processo de adaptação a uma nova identidade cultural também pode ser uma jornada de crescimento pessoal e autodescoberta. Abraçar novas práticas e valores culturais pode levar a uma compreensão mais profunda de si mesmo e a uma maior apreciação pela diversidade das experiências humanas. Este período de adaptação pode oferecer oportunidades de aprendizado, reflexão e desenvolvimento espiritual.

Buscando Conhecimento e Orientação: Aprendizado contínuo e busca por conhecimento são essenciais para se adaptar a uma nova identidade cultural. Engajar-se com ensinamentos islâmicos, frequentar aulas religiosas e buscar orientação de indivíduos experientes pode ajudar a aprofundar a compreensão da fé e suas expressões culturais. Essa busca contínua por conhecimento pode fornecer clareza e suporte durante o processo de transição.

Celebrando a Integração Cultural: Adotar uma nova identidade cultural envolve celebrar os aspectos positivos da integração e reconhecer o crescimento que vem com ela. Reconhecer e apreciar as contribuições de diferentes práticas culturais pode melhorar a experiência de fé de alguém e criar um senso de pertencimento dentro da comunidade. Celebrar marcos e conquistas nessa jornada pode promover uma perspectiva positiva e fortalecer a conexão de alguém com sua nova identidade cultural.

Equilibrando Tradição e Modernidade: Ao se adaptar a uma nova identidade cultural, é importante encontrar um equilíbrio entre práticas tradicionais e vida moderna. Esse equilíbrio envolve integrar valores islâmicos tradicionais com escolhas de estilo de vida contemporâneo de uma forma que respeite ambos. Estar atento a como manter esse equilíbrio pode ajudar a criar uma integração harmoniosa de fé e vida diária.

Enfrentando Desafios com Resiliência: O processo de adaptação a uma nova identidade cultural pode apresentar vários desafios, incluindo mal-entendidos culturais, pressões sociais e dúvidas pessoais. Enfrentar esses desafios com resiliência e uma mentalidade positiva é crucial. Buscar apoio da comunidade, se envolver em autocuidado e manter a fé no processo pode ajudar a superar obstáculos e facilitar uma transição mais suave.

Em resumo, ajustar-se a uma nova identidade cultural envolve abraçar a mudança, equilibrar a identidade pessoal com novas normas culturais e integrar valores islâmicos na vida diária. Ao construir relacionamentos de apoio, navegar pelas diferenças culturais e gerenciar expectativas pessoais, os indivíduos podem fazer a transição para sua nova identidade cultural com confiança e autenticidade. A jornada de ajuste a uma nova identidade cultural é uma oportunidade para crescimento pessoal, compreensão mais profunda e maior conexão com a fé e a comunidade.

Capítulo 27: Navegando por Celebrações e Feriados

Navegar por celebrações e feriados como um novo muçulmano envolve entender o significado das festividades islâmicas, integrá-las à vida e equilibrá-las com tradições culturais e familiares. Este capítulo explora como abordar celebrações islâmicas, gerenciar interações com feriados não muçulmanos e manter uma mistura harmoniosa de práticas pessoais e comunitárias.

Compreendendo as celebrações islâmicas: celebrações islâmicas, como Eid al-Fitr e Eid al-Adha, têm um profundo significado religioso e são marcadas por práticas e tradições específicas. Eid al-Fitr, que segue o mês do Ramadã, é uma ocasião alegre que celebra o fim do jejum. Eid al-Adha, observado durante a peregrinação do Hajj, comemora a disposição do Profeta Ibrahim (Abraão) de sacrificar seu filho em obediência a Alá. Entender o significado religioso desses Eids ajuda os novos muçulmanos a apreciar sua importância e se envolver nas celebrações de forma significativa.

Celebrando o Eid al-Fitr: O Eid al-Fitr é uma celebração de gratidão e alegria após o mês de jejum. Começa com uma oração especial realizada em uma mesquita ou área de oração designada, seguida por um sermão. O dia é frequentemente gasto visitando amigos e familiares, compartilhando refeições e dando presentes. Novos muçulmanos podem participar dessas tradições se preparando para o Eid com reflexão pessoal, vestindo roupas novas e preparando ou contribuindo para refeições festivas. Participar de orações comunitárias e dar Zakat al-Fitr, uma doação de caridade, aprimora ainda mais a experiência do Eid.

Observando o Eid al-Adha: O Eid al-Adha envolve o sacrifício de um animal, geralmente uma ovelha, cabra, vaca ou camelo, em memória da devoção do Profeta Ibrahim. A carne é distribuída entre familiares, amigos e necessitados. Novos muçulmanos podem participar do sacrifício ou contribuir de outras maneiras, como providenciar que o sacrifício seja realizado em seu nome. O dia normalmente inclui orações, compartilhar refeições festivas e passar tempo com entes queridos. Engajar-se nessas práticas ajuda a reforçar a importância do sacrifício e da generosidade no islamismo.

Equilibrando-se com feriados não muçulmanos: Navegar por feriados não muçulmanos, especialmente se eles são celebrados dentro da família ou comunidade, requer sensibilidade e equilíbrio. Embora os ensinamentos islâmicos não exijam a participação em feriados não muçulmanos, manter relacionamentos respeitosos com a família e os amigos é importante. Isso pode envolver encontrar um meio-termo, como participar de aspectos seculares das celebrações sem comprometer os valores islâmicos, ou simplesmente oferecer bons desejos àqueles que estão celebrando.

Manter as tradições familiares: para novos muçulmanos com familiares que celebram feriados não muçulmanos, é importante manter as tradições familiares respeitando os princípios islâmicos. Isso pode significar participar de reuniões familiares de uma forma que se alinhe com a fé de alguém ou se oferecer para hospedar celebrações alternativas que reflitam os valores islâmicos. A comunicação aberta com os familiares sobre as novas crenças e práticas de alguém pode ajudar a encontrar um ponto em comum e promover o entendimento mútuo.

Navegando pelas Expectativas Culturais: Em algumas culturas, celebrações e feriados carregam expectativas e práticas específicas. Novos muçulmanos podem se ver se ajustando a essas normas culturais enquanto integram suas crenças islâmicas. Equilibrar as expectativas culturais com os princípios islâmicos envolve estabelecer limites claros e estar aberto a encontrar maneiras de participar de uma maneira consistente com a fé de alguém. Essa abordagem ajuda a manter as conexões culturais enquanto respeita os compromissos religiosos.

Criando novas tradições: Adotar uma nova identidade cultural pode envolver a criação de novas tradições que reflitam tanto os valores islâmicos quanto as preferências pessoais. Isso pode incluir organizar encontros com temas islâmicos, celebrar as conquistas de membros da família ou desenvolver práticas únicas que honrem os ensinamentos islâmicos, ao mesmo tempo em que adicionam um toque pessoal. Criar novas tradições ajuda a estabelecer um senso de pertencimento e a reforçar a identidade islâmica de alguém.

Envolvendo crianças em celebrações: Para novos pais muçulmanos, envolver crianças em celebrações islâmicas é crucial para incutir um senso de identidade religiosa e pertencimento. Ensinar crianças sobre o significado do Eid, envolvê-las em atividades de preparação e incentivá-las a participar de eventos comunitários promove uma associação positiva com celebrações islâmicas. Esse envolvimento ajuda as crianças a entender e apreciar os aspectos culturais e religiosos de sua fé.

Gerenciando Expectativas e Ajustes: Ajustar-se a um novo conjunto de celebrações e feriados envolve gerenciar expectativas e ser flexível. É importante reconhecer que pode levar tempo para se integrar totalmente a novas tradições e práticas. Ser paciente consigo mesmo e com os outros durante esse período de transição pode ajudar a navegar nas complexidades de se ajustar a um novo calendário cultural e religioso.

Buscando Suporte Comunitário: Engajar-se com a comunidade muçulmana fornece suporte valioso durante celebrações e feriados. Eventos, encontros e atividades comunitárias oferecem oportunidades de se conectar com outras pessoas, compartilhar experiências e participar de celebrações coletivas. Buscar orientação de organizações islâmicas locais ou líderes comunitários pode fornecer conselhos práticos e suporte para navegar em feriados islâmicos e não islâmicos.

Respeitando Práticas Diversas: Dentro da comunidade muçulmana, práticas e tradições relacionadas a celebrações podem variar com base em diferenças culturais e regionais. Respeitar essa diversidade enquanto adere aos princípios fundamentais do islamismo ajuda a promover um senso de unidade e inclusão. Entender e apreciar as várias maneiras pelas quais os muçulmanos celebram pode melhorar a própria experiência e contribuir para um senso mais amplo de comunidade.

Equilibrando o envolvimento pessoal e comunitário: Encontrar um equilíbrio entre celebrações pessoais e envolvimento comunitário é essencial para uma experiência gratificante. Participar de eventos comunitários e contribuir para celebrações coletivas enriquece a compreensão das tradições islâmicas e fortalece as conexões com outros muçulmanos. Ao mesmo tempo, manter práticas e tradições pessoais ajuda a preservar a identidade individual e a conexão pessoal com a fé.

Em resumo, navegar por celebrações e feriados como um novo muçulmano envolve entender as festividades islâmicas, equilibrar práticas pessoais e culturais e se envolver respeitosamente com feriados islâmicos e não islâmicos. Ao abraçar celebrações islâmicas, manter tradições familiares e criar novas práticas, os novos muçulmanos podem integrar sua fé em suas vidas enquanto honram sua herança cultural e promovem relacionamentos positivos com os outros.

Capítulo 28: Integração na Comunidade Muçulmana

Integrar-se à comunidade muçulmana é um aspecto essencial da adoção de uma nova fé. Envolve construir conexões, participar de atividades comunitárias e estabelecer um senso de pertencimento dentro da comunidade. Este capítulo explora estratégias para integrar-se efetivamente à comunidade muçulmana, incluindo formar relacionamentos, envolver-se em atividades comunitárias e superar potenciais desafios.

Compreendendo a dinâmica da comunidade: A comunidade muçulmana é diversa, compreendendo indivíduos de várias origens culturais, étnicas e socioeconômicas. Entender essa diversidade é essencial para uma integração eficaz. Cada comunidade pode ter suas próprias práticas, tradições e dinâmicas sociais. Observar e aprender sobre essas dinâmicas pode ajudar os novos muçulmanos a navegar sua integração suavemente e construir relacionamentos respeitosos.

Construindo relacionamentos significativos: Estabelecer relacionamentos significativos dentro da comunidade muçulmana é crucial para a integração. Isso envolve se envolver com outros muçulmanos em vários ambientes, como mesquitas, centros comunitários e eventos sociais. Apresentar-se e participar de conversas pode ajudar a construir conexões. É importante abordar as interações com abertura e respeito, reconhecendo a diversidade dentro da comunidade e buscando um ponto em comum.

Participação em Atividades Comunitárias: A participação ativa em atividades comunitárias é uma maneira eficaz de integrar e contribuir para a comunidade. Isso pode incluir comparecer às orações da mesquita, juntar-se a círculos de estudo, participar de eventos de caridade e ser voluntário em projetos comunitários. Engajar-se nessas atividades não apenas fortalece a conexão com a comunidade, mas também fornece oportunidades de contribuir positivamente e desenvolver um senso de pertencimento.

Buscando Orientação e Suporte: Integrar-se a uma nova comunidade pode trazer desafios, e buscar orientação de muçulmanos mais experientes pode ser benéfico. Mentores ou líderes comunitários podem fornecer conselhos valiosos, suporte e insights sobre práticas comunitárias. Construir relacionamentos com esses indivíduos pode oferecer orientação sobre como navegar na comunidade e abordar quaisquer preocupações ou perguntas que possam surgir.

Respeitando os costumes e tradições locais: Cada comunidade muçulmana pode ter seus próprios costumes e tradições. Respeitar e se adaptar a essas práticas locais é importante para uma integração harmoniosa. Isso inclui entender as nuances culturais dos eventos comunitários, normas sociais e observâncias religiosas. Estar atento e respeitoso com essas práticas ajuda a promover relacionamentos positivos e a demonstrar disposição para fazer parte da comunidade.

Superando Barreiras Linguísticas: Em algumas comunidades, a linguagem pode ser uma barreira para a integração. Aprender frases básicas na língua local e se envolver em conversas pode facilitar a comunicação e ajudar a preencher lacunas. Muitas comunidades também oferecem aulas de idiomas ou suporte para novos muçulmanos, o que pode ajudar a superar barreiras linguísticas e aumentar a participação em atividades comunitárias.

Navegando pelas diferenças culturais: embora o islamismo forneça uma estrutura universal, as práticas culturais podem variar amplamente. Navegar por essas diferenças requer sensibilidade e abertura. Entender que as expressões culturais de fé podem diferir não prejudica os princípios fundamentais do islamismo. Abraçar essa diversidade e aprender a apreciar várias práticas culturais dentro da comunidade muçulmana pode enriquecer a experiência de alguém e contribuir para um ambiente mais inclusivo.

Participar de eventos sociais e familiares: Participar de eventos sociais e familiares dentro da comunidade muçulmana pode ajudar a construir laços mais fortes e integrar mais profundamente. Celebrar feriados islâmicos, comparecer a reuniões familiares e participar de refeições comunitárias proporcionam oportunidades de interação e conexão. Esses eventos também oferecem uma chance de aprender e se envolver com diferentes aspectos da cultura e tradição islâmicas.

Mantendo a fé e a identidade pessoal: Ao integrar-se à comunidade muçulmana, é importante manter a fé e a identidade pessoal. Equilibrar crenças pessoais com práticas comunitárias ajuda a garantir que a integração permaneça autêntica e respeitosa. Esse equilíbrio permite que novos muçulmanos contribuam para a comunidade enquanto permanecem fiéis à sua jornada espiritual individual.

Lidando com desafios e mal-entendidos: A integração pode vir com desafios, como mal-entendidos ou sensação de estar deslocado. Lidar com esses desafios com paciência e resiliência é essencial. Comunicação aberta, buscar esclarecimentos e manter uma atitude positiva pode ajudar a resolver problemas e facilitar uma integração mais suave. Envolver-se com recursos de apoio comunitário, como serviços de aconselhamento ou mediação, também pode fornecer assistência para superar dificuldades.

Fomentando um senso de pertencimento: Construir um senso de pertencimento envolve sentir-se conectado e valorizado dentro da comunidade. Participar ativamente de atividades comunitárias, formar amizades e contribuir para projetos comunitários pode fomentar esse senso de pertencimento. Também é importante reconhecer e celebrar as contribuições de alguém para a comunidade, pois isso reforça uma atmosfera positiva e inclusiva.

Abraçando a Diversidade da Comunidade: A diversidade dentro da comunidade muçulmana oferece ricas oportunidades de aprendizado e crescimento. Abraçar essa diversidade e se envolver com indivíduos de diferentes origens pode ampliar a perspectiva e aprimorar a experiência de integração. Entender e apreciar as várias experiências culturais e pessoais dentro da comunidade pode levar a um ambiente mais inclusivo e solidário.

Apoiando o Desenvolvimento da Comunidade: Contribuir para o desenvolvimento e crescimento da comunidade muçulmana é um aspecto importante da integração. Isso pode envolver participar ou liderar iniciativas comunitárias, apoiar projetos locais e defender mudanças positivas. Ao se envolver ativamente em esforços de desenvolvimento comunitário, novos muçulmanos podem desempenhar um papel significativo na formação de uma comunidade vibrante e próspera.

Encontrar um equilíbrio: equilibrar o envolvimento comunitário com compromissos pessoais é essencial para manter o bem-estar e evitar o esgotamento. É importante definir metas realistas para a participação comunitária e garantir que o envolvimento esteja alinhado com as necessidades pessoais e familiares. Encontrar esse equilíbrio ajuda a manter uma experiência positiva de integração enquanto gerencia outros aspectos da vida.

Em resumo, integrar-se à comunidade muçulmana envolve construir relacionamentos, participar de atividades comunitárias e navegar na dinâmica cultural. Ao se envolver ativamente, buscar apoio e respeitar as práticas locais, os novos muçulmanos podem criar conexões significativas e contribuir positivamente para sua comunidade. Abraçar a diversidade dentro da comunidade e equilibrar compromissos pessoais e comunitários enriquece ainda mais a experiência de integração e promove um senso de pertencimento.

Capítulo 29: Independência Financeira e Trabalho

Alcançar a independência financeira e navegar no mundo do trabalho são aspectos cruciais do desenvolvimento pessoal e da estabilidade, especialmente para novos muçulmanos que se adaptam à sua nova fé e estilo de vida. Este capítulo explora como os novos muçulmanos podem administrar suas finanças, buscar emprego significativo e equilibrar suas vidas profissionais com seus compromissos religiosos.

Compreendendo a Independência Financeira: Independência financeira se refere a ter recursos financeiros suficientes para atender às próprias necessidades sem depender de suporte externo. Para novos muçulmanos, alcançar a independência financeira envolve entender os princípios islâmicos relacionados à riqueza, garantir que as práticas financeiras estejam alinhadas com a ética islâmica e desenvolver estratégias para estabilidade financeira de longo prazo.

Princípios Islâmicos de Finanças: Os princípios islâmicos de finanças são baseados em justiça, transparência e proibição de certas práticas, como juros (riba), jogos de azar (maysir) e incerteza excessiva (gharar). Aderir a esses princípios garante que as transações financeiras estejam de acordo com os ensinamentos islâmicos. Novos muçulmanos devem se familiarizar com esses princípios para tomar decisões financeiras informadas e buscar serviços financeiros que estejam em conformidade com a lei islâmica.

Orçamento e Planejamento Financeiro: Orçamento e planejamento financeiro eficazes são essenciais para gerenciar finanças pessoais e alcançar independência financeira. Criar um orçamento envolve rastrear renda, despesas e economias para garantir que os recursos financeiros sejam usados com sabedoria. Novos muçulmanos podem se beneficiar ao definir metas financeiras, desenvolver um plano de economia e tomar decisões informadas sobre investimentos e despesas.

Gestão de dívidas: Gerenciar dívidas é um aspecto crítico da independência financeira. O islamismo incentiva evitar dívidas excessivas e gerenciar dívidas existentes de forma responsável. Novos muçulmanos devem se esforçar para pagar quaisquer dívidas pendentes prontamente e evitar assumir novas dívidas que possam levar a dificuldades financeiras. Se a dívida for inevitável, buscar serviços de consolidação de dívidas ou aconselhamento pode ajudar a gerenciar o pagamento de forma mais eficaz.

Investir em conformidade com a lei islâmica: investir com sabedoria é um componente essencial para alcançar a independência financeira. As finanças islâmicas oferecem várias oportunidades de investimento que estão em conformidade com os princípios da Shariah, como ações halal, imóveis e fundos mútuos islâmicos. Os novos muçulmanos devem pesquisar e escolher opções de investimento que se alinhem aos valores islâmicos, garantindo que evitem investimentos em indústrias ou práticas proibidas.

Encontrando Emprego Significativo: Garantir um emprego que se alinhe aos valores islâmicos e interesses pessoais é importante tanto para a estabilidade financeira quanto para a realização pessoal. Novos muçulmanos devem buscar oportunidades de emprego que ofereçam ambientes de trabalho éticos, remuneração justa e respeito às práticas religiosas. Também é importante garantir que a natureza do trabalho e as políticas da empresa sejam compatíveis com os princípios islâmicos.

Equilibrando Trabalho e Compromissos Religiosos: Equilibrar responsabilidades de trabalho com obrigações religiosas é essencial para manter o bem-estar espiritual e profissional. Novos muçulmanos devem comunicar suas necessidades religiosas, como horários de oração e observância do Ramadã, aos seus empregadores. Muitos locais de trabalho oferecem arranjos ou acomodações flexíveis para práticas religiosas, e o diálogo aberto pode ajudar a encontrar um equilíbrio que apoie tanto o trabalho quanto a fé.

Networking e desenvolvimento profissional: construir uma rede profissional e buscar desenvolvimento profissional contínuo pode aumentar as oportunidades de carreira e a estabilidade financeira. Novos muçulmanos devem se envolver em atividades de networking, participar de eventos do setor e buscar orientação de profissionais experientes. Investir em desenvolvimento de habilidades e educação pode abrir portas para novas oportunidades de carreira e ajudar a atingir metas financeiras de longo prazo.

Empreendedorismo e Trabalho Autônomo: O empreendedorismo oferece uma rota alternativa para a independência financeira para aqueles interessados em começar seu próprio negócio. O islamismo encoraja o empreendedorismo como um meio de autossuficiência e contribuição para a comunidade. Novos muçulmanos interessados em empreendedorismo devem desenvolver um plano de negócios sólido, buscar mentoria e garantir que suas práticas comerciais estejam alinhadas com a ética islâmica.

Considerações éticas no local de trabalho: Navegar por dilemas éticos no local de trabalho requer adesão aos valores islâmicos de honestidade, integridade e justiça. Os novos muçulmanos devem defender esses princípios em sua conduta profissional, evitar se envolver em práticas antiéticas e buscar criar um ambiente de trabalho positivo e respeitoso. Abordar quaisquer preocupações éticas com transparência e profissionalismo é essencial para manter a confiança e a credibilidade.

Lidando com Desafios Financeiros: Desafios financeiros, como despesas inesperadas ou crises econômicas, podem impactar a estabilidade financeira. Novos muçulmanos devem se preparar para tais desafios construindo um fundo de emergência, reduzindo despesas não essenciais e buscando aconselhamento financeiro quando necessário. Desenvolver resiliência e adaptabilidade diante de dificuldades financeiras pode ajudar a gerenciar e superar esses desafios de forma eficaz.

Perspectivas Islâmicas sobre Riqueza e Caridade: O islamismo vê a riqueza como uma confiança de Alá e enfatiza a importância de usá-la para o bem. Incorporar doações de caridade (zakat) e atos de gentileza no planejamento financeiro reforça os valores islâmicos e contribui para o bem-estar da comunidade. Novos muçulmanos devem alocar uma parte de sua renda para fins de caridade e buscar oportunidades para apoiar causas que se alinhem com seus valores.

Planejamento de aposentadoria: planejar a aposentadoria é um aspecto importante da independência financeira. Novos muçulmanos devem considerar opções de poupança para aposentadoria que estejam em conformidade com os princípios islâmicos, como contas de aposentadoria compatíveis com a Shariah. Desenvolver um plano de aposentadoria envolve definir metas financeiras de longo prazo, investir com sabedoria e garantir que as economias para aposentadoria sejam administradas de acordo com os ensinamentos islâmicos.

Educação e Alfabetização Financeira: Melhorar a alfabetização financeira é crucial para tomar decisões financeiras informadas. Novos muçulmanos podem se beneficiar de recursos educacionais, workshops de planejamento financeiro e consultas com consultores financeiros que entendem finanças islâmicas. Ganhar conhecimento sobre gestão financeira, estratégias de investimento e finanças pessoais pode capacitar novos muçulmanos a fazer escolhas financeiras sólidas.

Considerações legais e fiscais: Entender as considerações legais e fiscais relacionadas às finanças é importante para uma gestão financeira eficaz. Os novos muçulmanos devem estar cientes de seus direitos e obrigações em relação a impostos, leis de herança e contratos legais. Buscar aconselhamento de profissionais legais e fiscais que tenham conhecimento sobre finanças islâmicas pode ajudar a navegar por essas considerações de forma eficaz.

Em resumo, alcançar a independência financeira e navegar no mundo do trabalho envolve entender os princípios islâmicos, orçamento eficaz, gerenciamento de dívidas e considerações éticas. Ao equilibrar o trabalho e os compromissos religiosos, buscar emprego significativo e buscar educação financeira, os novos muçulmanos podem construir um futuro financeiro estável e gratificante enquanto aderem à sua fé. Abraçar o empreendedorismo, gerenciar desafios financeiros e incorporar doações de caridade aumentam ainda mais a independência financeira e contribuem para o bem-estar pessoal e comunitário.

Capítulo 30: Lidando com críticas e hostilidade

Lidar com críticas e hostilidade pode ser particularmente desafiador para novos muçulmanos, pois eles navegam em sua nova fé enquanto enfrentam potenciais mal-entendidos e oposição de várias fontes. Este capítulo explora estratégias para gerenciar críticas e hostilidade, manter a resiliência e promover interações positivas.

Entendendo a Fonte da Crítica: Críticas e hostilidade em relação a novos muçulmanos podem advir de várias fontes, incluindo mal-entendidos, ignorância ou preconceitos preconcebidos sobre o islamismo. Entender as causas raízes de tais críticas pode ajudar a lidar com elas de forma mais eficaz. Frequentemente, as críticas são baseadas em conceitos errôneos ou falta de conhecimento, o que pode ser aliviado por meio da educação e do diálogo aberto.

Mantendo a compostura e a paciência: enfrentar críticas ou hostilidade requer manter a compostura e a paciência. Responder à negatividade com calma e dignidade reflete bem no caráter de alguém e reforça os princípios do islamismo. Paciência diante da adversidade é uma qualidade valorizada no islamismo, e lidar com as críticas graciosamente pode ajudar a apaziguar situações tensas e promover a compreensão.

Engajando-se em Diálogo Construtivo: Engajar-se em diálogo construtivo pode ajudar a lidar com mal-entendidos e neutralizar a hostilidade. Quando confrontado com críticas, tente responder com explicações claras e respeitosas e forneça informações precisas sobre o Islã. Conversas abertas e honestas podem dissipar mitos e construir pontes de entendimento. É importante ouvir ativamente e lidar com preocupações sem ficar na defensiva.

Educando os outros sobre o islamismo: A educação é uma ferramenta poderosa no combate à crítica e à hostilidade. Compartilhar informações precisas sobre crenças, práticas e valores islâmicos pode ajudar a neutralizar estereótipos e desinformação. Participar de programas de extensão comunitária, comparecer a diálogos inter-religiosos e fornecer recursos educacionais pode contribuir para uma compreensão mais informada e respeitosa do islamismo.

Buscando apoio da comunidade muçulmana: O apoio de outros muçulmanos pode fornecer força e encorajamento ao lidar com críticas e hostilidade. Conectar-se com uma comunidade solidária oferece apoio emocional, conselhos práticos e um senso de solidariedade. Envolver-se com líderes comunitários ou mentores também pode fornecer orientação sobre como lidar com situações específicas e manter a resiliência.

Estabelecendo Limites e Protegendo o Bem-estar Pessoal: É importante estabelecer limites ao lidar com críticas persistentes ou agressivas. Proteger o bem-estar pessoal envolve reconhecer quando é necessário se desligar de interações improdutivas ou prejudiciais. Priorizar a saúde mental e emocional é crucial, e buscar apoio profissional ou aconselhamento pode ajudar a controlar o estresse e manter a resiliência.

Respondendo com Ações Positivas: Demonstrar os valores do islamismo por meio de ações positivas pode neutralizar críticas e hostilidade. Engajar-se em atos de gentileza, caridade e serviço comunitário exemplifica os ensinamentos islâmicos e pode influenciar os outros positivamente. Ao incorporar os princípios de compaixão e integridade, os novos muçulmanos podem desafiar concepções errôneas e promover uma percepção mais favorável do islamismo.

Lidando com a hostilidade em espaços públicos: Ao encontrar hostilidade em espaços públicos, como no local de trabalho ou no transporte público, é importante manter a compostura e abordar a situação com calma. Relatar incidentes de hostilidade ou discriminação às autoridades apropriadas ou buscar apoio de grupos de defesa pode ajudar a abordar e resolver tais problemas. Entender os direitos e proteções legais de alguém é essencial para lidar com a hostilidade de forma eficaz.

Desenvolvendo resiliência e autocuidado: Construir resiliência diante de críticas e hostilidade envolve desenvolver estratégias de enfrentamento e praticar autocuidado. Envolver-se em atividades que promovam relaxamento, reflexão e crescimento pessoal pode ajudar a controlar o estresse e manter uma perspectiva positiva. Oração regular, meditação e conexão com indivíduos solidários também podem contribuir para o bem-estar emocional.

Promovendo o Entendimento Inter-religioso: Participar de iniciativas e diálogos inter-religiosos pode promover o entendimento e o respeito mútuos. Ao se envolver com indivíduos de diferentes origens religiosas, os novos muçulmanos podem contribuir para preencher lacunas e abordar equívocos. Esforços colaborativos para promover o diálogo inter-religioso podem criar um ambiente mais inclusivo e respeitoso.

Lidando com Críticas Internalizadas: Críticas internalizadas, ou dúvidas sobre si mesmo decorrentes de críticas externas, podem impactar a confiança e o bem-estar. É importante reconhecer e lidar com esses sentimentos reafirmando a fé e buscando apoio de pessoas confiáveis. Lembrar-se dos aspectos positivos do islamismo e da jornada pessoal pode ajudar a superar as dúvidas sobre si mesmo.

Equilibrando Confiança e Humildade: Equilibrar a confiança nas próprias crenças com a humildade é essencial para lidar com as críticas de forma eficaz. Embora seja importante permanecer firme na fé e nos valores, abordar as críticas com humildade e franqueza pode levar a conversas mais produtivas e respeito mútuo. Alcançar esse equilíbrio ajuda a manter a integridade ao mesmo tempo em que promove interações positivas.

Aprendendo com a Crítica Construtiva: Nem toda crítica é hostil; algumas podem ser construtivas e oferecer insights valiosos. Diferenciar entre crítica hostil e construtiva pode ajudar no uso do feedback para melhorar a compreensão ou prática de alguém. Abraçar a crítica construtiva com a mente aberta pode levar ao crescimento pessoal e melhores respostas a desafios futuros.

Aproveitando experiências positivas: refletir sobre experiências e interações positivas pode fornecer encorajamento e motivação. Compartilhar histórias de encontros positivos, diálogos bem-sucedidos e relacionamentos de apoio pode reforçar o senso de pertencimento e propósito. Celebrar essas experiências também pode servir como um lembrete do impacto positivo da fé de alguém.

Advogando por Respeito e Tolerância: Promover respeito e tolerância dentro da comunidade e além dela pode ajudar a criar um ambiente mais compreensivo e inclusivo. Advogar por diálogo respeitoso, desafiar comportamentos discriminatórios e apoiar políticas que protejam liberdades religiosas contribui para uma sociedade mais harmoniosa.

Em resumo, lidar com críticas e hostilidade envolve entender suas fontes, manter a compostura, se envolver em diálogos construtivos e buscar apoio da comunidade. Ao educar os outros, responder com ações positivas e praticar a resiliência, os novos muçulmanos podem navegar por esses desafios de forma eficaz. Abraçar a compreensão inter-religiosa, abordar críticas internalizadas e defender o respeito contribuem para uma experiência mais positiva e inclusiva.

Capítulo 31: Viajando como uma mulher muçulmana

Viajar como uma mulher muçulmana envolve um conjunto único de considerações e preparações para garantir tanto o conforto pessoal quanto a adesão aos princípios islâmicos. Este capítulo explora dicas práticas e estratégias para navegar em viagens, mantendo práticas religiosas, segurança e bem-estar pessoal.

Planejamento e preparação: O planejamento eficaz é crucial para uma experiência de viagem tranquila. Comece pesquisando seu destino para entender os costumes locais, o clima e as instalações disponíveis. Considere como esses fatores podem impactar sua capacidade de praticar o islamismo, como encontrar opções de comida halal, instalações para orações e acomodações adequadas. Preparar um itinerário detalhado e garantir que todos os documentos necessários, como passaportes e vistos, estejam em ordem é essencial para uma viagem sem complicações.

Manter práticas religiosas: garantir que você possa manter suas práticas religiosas enquanto viaja envolve alguma preparação antecipada. Carregar um tapete de oração compacto e uma bússola Qibla ou um aplicativo móvel pode ajudar você a encontrar a direção da oração. Pesquisar mesquitas locais ou espaços de oração com antecedência também pode ser benéfico. Para jejuar durante o Ramadã ou observar outros deveres religiosos, planeje com antecedência para gerenciar sua agenda e encontrar acomodações adequadas ou arranjos alimentares.

Escolha de roupas apropriadas: Vestir-se modestamente é um aspecto significativo de viajar como uma mulher muçulmana. Escolha roupas que sigam as diretrizes islâmicas e que também sejam práticas e confortáveis para seu destino. Tecidos leves e respiráveis são ideais para climas quentes, enquanto roupas em camadas podem fornecer flexibilidade em temperaturas variadas. Além disso, considere levar uma variedade de roupas modestas que sejam adequadas para diferentes cenários e contextos culturais.

Segurança e Proteção: Priorizar a segurança e proteção ao viajar é essencial. Familiarize-se com as diretrizes de segurança locais e quaisquer avisos de viagem para seu destino. Mantenha seus pertences seguros e esteja ciente de seus arredores, especialmente em áreas desconhecidas. Também é aconselhável ter informações de contato de emergência e um plano em vigor para problemas potenciais, como documentos perdidos ou emergências médicas.

Navegando em espaços públicos: Ao viajar, você pode encontrar vários níveis de aceitação e compreensão das práticas islâmicas em espaços públicos. Para lidar com isso, aborde as interações com paciência e respeito. Se perguntado sobre seu traje ou práticas, use isso como uma oportunidade para educar e compartilhar informações sobre o islamismo. Em caso de qualquer desconforto ou dificuldade, busque apoio de comunidades ou organizações muçulmanas locais.

Encontrando comida halal: identificar opções de comida halal pode ser uma prioridade ao viajar. Pesquise restaurantes, pontos de venda de comida ou mercados que oferecem comida halal em seu destino. Muitas cidades têm recursos online ou aplicativos que listam estabelecimentos halal. Se a comida halal não estiver prontamente disponível, considere levar alguns lanches ou opções de refeição halal com você. Alternativamente, encontrar opções vegetarianas ou de frutos do mar também pode ser uma alternativa adequada.

Saúde e Higiene: Manter a saúde e a higiene é crucial durante a viagem. Certifique-se de ter um suprimento suficiente de quaisquer medicamentos necessários e esteja ciente das precauções de saúde locais ou vacinas necessárias para seu destino. Pratique uma boa higiene, especialmente ao viajar para áreas com diferentes condições sanitárias, e considere levar itens de cuidados pessoais de tamanho de viagem que estejam em conformidade com os regulamentos do aeroporto.

Opções de acomodação: Selecionar acomodações que se alinhem com suas necessidades e preferências é importante. Procure hotéis ou hospedagens que ofereçam instalações para oração, como salas de oração designadas ou um espaço tranquilo. Ao fazer a reserva, pergunte sobre suas políticas em relação às práticas religiosas dos hóspedes para garantir uma estadia confortável. Se estiver hospedado com amigos ou familiares, comunique suas necessidades com antecedência para garantir compreensão e respeito mútuos.

Respeitando os costumes locais: entender e respeitar os costumes e normas culturais locais é essencial para interações positivas. Familiarize-se com os códigos de vestimenta locais, etiqueta social e quaisquer leis relevantes que possam afetar sua experiência de viagem. Estar atento a esses costumes ajuda a evitar mal-entendidos e demonstra respeito pela cultura anfitriã.

Gerenciando a fadiga da viagem: viajar pode ser física e mentalmente exaustivo. Para gerenciar a fadiga da viagem, priorize o descanso e o autocuidado. Programe pausas durante viagens longas e reserve um tempo para relaxar na chegada. Manter-se hidratado, comer refeições balanceadas e dormir o suficiente são cruciais para manter os níveis de energia e o bem-estar geral.

Lidando com situações inesperadas: Flexibilidade e adaptabilidade são essenciais ao lidar com situações inesperadas durante uma viagem. Esteja preparado para mudanças nos planos, como atrasos de voos ou mudanças nas acomodações, e lide com elas com paciência. Ter um plano de contingência e permanecer calmo diante dos desafios pode ajudar a navegar por quaisquer dificuldades que surjam.

Conectando-se com comunidades muçulmanas locais: envolver-se com comunidades muçulmanas locais pode melhorar sua experiência de viagem. Elas podem oferecer insights valiosos, recomendações e suporte para encontrar serviços halal e instalações de oração. Conectar-se com muçulmanos locais por meio de mesquitas, centros comunitários ou grupos de mídia social pode fornecer um senso de pertencimento e assistência durante sua estadia.

Equilibrando privacidade e interação social: Equilibrar privacidade com interação social é importante ao viajar. Respeite os costumes locais em relação às interações de gênero e espaço pessoal, e comunique suas preferências claramente. Se estiver viajando com um grupo, garanta que os arranjos acomodem suas práticas religiosas e necessidades sociais.

Documentando e refletindo: Manter um diário de viagem ou documentar suas experiências pode ser uma maneira valiosa de refletir sobre sua jornada. Registrar suas observações, interações e reflexões ajuda você a processar suas experiências e reter memórias significativas. Além disso, compartilhar suas experiências com outras pessoas pode fornecer insights e inspiração para outros viajantes muçulmanos.

Retornando para casa e reflexão: Ao retornar para casa, reserve um tempo para refletir sobre sua experiência de viagem. Avalie o que deu certo e quaisquer áreas para melhoria. Refletir sobre sua jornada ajuda no planejamento de viagens futuras e na integração das experiências adquiridas em sua vida diária. Compartilhar seus insights com outras pessoas também pode contribuir para uma compreensão mais ampla de viajar como uma mulher muçulmana.

Em resumo, viajar como uma mulher muçulmana envolve planejamento e preparação cuidadosos para garantir que as práticas religiosas, a segurança e o conforto pessoal sejam mantidos. Ao entender e respeitar os costumes locais, encontrar acomodações e opções de alimentação adequadas e gerenciar os desafios da viagem com flexibilidade, os novos viajantes muçulmanos podem ter uma experiência de viagem gratificante e respeitosa. Equilibrar a privacidade com a interação social, envolver-se com as comunidades locais e refletir sobre a jornada enriquece ainda mais a experiência de viagem e contribui para o crescimento pessoal.

Capítulo 32: Continuando sua educação islâmica

Continuar sua educação islâmica é uma jornada para toda a vida que aprimora a compreensão, fortalece a fé e orienta o crescimento pessoal e espiritual. Este capítulo explora vários métodos e recursos para avançar seu conhecimento do islamismo, manter um compromisso com o aprendizado e aplicar os ensinamentos islâmicos à vida diária.

Adotando o aprendizado ao longo da vida: a educação islâmica não se limita a um período específico; é um processo contínuo que se estende por toda a vida. Adote uma mentalidade de aprendizado ao longo da vida, reconhecendo que aprofundar sua compreensão do islamismo enriquece sua jornada espiritual e ajuda a navegar pelas complexidades da vida. Aborde o aprendizado com curiosidade e um desejo sincero de crescer em conhecimento e fé.

Utilizando métodos tradicionais de aprendizagem: Os métodos tradicionais de aprendizagem islâmica incluem estudar com acadêmicos qualificados, assistir a palestras e participar de círculos de estudo ou halaqas. Procure acadêmicos e professores respeitáveis que ofereçam aulas ou seminários sobre vários tópicos islâmicos. Participar de círculos de estudo fornece oportunidades para discussão, reflexão e uma compreensão mais profunda dos princípios islâmicos.

Engajando-se com recursos on-line: A era digital oferece uma riqueza de recursos on-line para educação islâmica. Explore sites respeitáveis, cursos on-line e plataformas educacionais que fornecem acesso a palestras, artigos e cursos interativos sobre tópicos islâmicos. Utilize plataformas como universidades on-line islâmicas, palestras em vídeo e podcasts para complementar seu aprendizado e se manter atualizado sobre questões contemporâneas.

Leitura de literatura islâmica: Ler livros e artigos acadêmicos é uma maneira valiosa de expandir seu conhecimento. Comece com textos fundamentais sobre teologia islâmica, jurisprudência e história e, gradualmente, explore tópicos mais especializados. Procure ler livros de autores e acadêmicos respeitáveis que aderem a fontes autênticas de conhecimento islâmico. Manter uma lista de leitura e reservar um tempo regular para a leitura pode ajudá-lo a permanecer comprometido com a educação contínua.

Participando de aulas islâmicas locais: Muitas mesquitas e centros islâmicos oferecem aulas e workshops sobre vários aspectos do islamismo. Participe dessas oportunidades educacionais locais para obter conhecimento e se conectar com outros muçulmanos. As aulas podem cobrir tópicos como estudos corânicos, hadith, história islâmica e desenvolvimento pessoal. Essas aulas fornecem um ambiente estruturado para aprendizado e discussão.

Aprendendo árabe: entender a língua árabe pode melhorar significativamente sua educação islâmica, pois permite acesso direto ao Alcorão, Hadith e textos islâmicos clássicos. Considere se inscrever em cursos de língua árabe ou usar aplicativos de aprendizagem de idiomas para desenvolver proficiência. Aprender árabe não apenas enriquece seu estudo de textos islâmicos, mas também facilita uma conexão mais profunda com a linguagem do Alcorão.

Aplicando o conhecimento à vida diária: a educação islâmica é mais eficaz quando aplicada à vida diária. Esforce-se para incorporar os ensinamentos e princípios que você aprende em suas ações, decisões e interações. Reflita sobre como os ensinamentos islâmicos guiam seu comportamento, relacionamentos e crescimento pessoal. Aplicar o conhecimento ajuda a viver uma vida alinhada aos valores islâmicos e contribui para o desenvolvimento pessoal.

Engajando-se em Reflexão e Autoavaliação: Reflita regularmente sobre sua jornada de aprendizado e avalie seu progresso. Avalie o quão bem você está integrando os ensinamentos islâmicos em sua vida e identifique áreas para maior crescimento. A autoavaliação ajuda a reconhecer conquistas, abordar desafios e definir novas metas de aprendizado. Práticas reflexivas contribuem para uma compreensão mais profunda e uma aplicação mais significativa do conhecimento islâmico.

Conectando-se com a Comunidade Islâmica: Engajar-se com a comunidade islâmica fornece oportunidades adicionais para aprendizado e crescimento. Participe de eventos comunitários, palestras e discussões para obter insights de outros e compartilhar suas próprias experiências. Construir conexões com outros muçulmanos que também estão comprometidos com o aprendizado pode oferecer suporte, motivação e um senso de pertencimento.

Explorando Perspectivas Diversas: O islamismo abrange uma rica diversidade de perspectivas e interpretações. Explore vários pontos de vista dentro da erudição islâmica para obter uma compreensão abrangente de diferentes aspectos da fé. Engajar-se com perspectivas diversas promove uma visão completa dos ensinamentos islâmicos e encoraja o pensamento crítico e o diálogo respeitoso.

Estabelecendo metas e prioridades de aprendizagem: Estabeleça metas e prioridades claras para sua educação islâmica. Identifique áreas específicas de interesse ou tópicos que você deseja explorar mais e crie um plano para atingir essas metas. Estabelecer metas alcançáveis ajuda a manter o foco e a motivação em sua jornada de aprendizagem. Revise e ajuste regularmente suas metas conforme necessário para permanecer alinhado com suas aspirações educacionais.

Incorporando a educação islâmica na vida familiar: incentive e apoie a educação islâmica dentro de sua família. Compartilhe conhecimento com os membros da família, participe de sessões de estudo conjuntas e crie um ambiente de apoio ao aprendizado. Incorporar a educação islâmica na vida familiar fortalece os laços familiares e promove um comprometimento compartilhado com o crescimento pessoal e espiritual.

Buscando conhecimento de fontes confiáveis: garanta que as fontes de conhecimento com as quais você se envolve sejam confiáveis e alinhadas com os ensinamentos islâmicos autênticos. Verifique as credenciais e qualificações de acadêmicos e plataformas educacionais para evitar informações e interpretações errôneas. Confiar em fontes confiáveis garante que seu aprendizado seja baseado em princípios islâmicos sólidos.

Mantendo uma Abordagem Equilibrada: Equilibre sua busca pela educação islâmica com outros aspectos da vida, incluindo trabalho, família e bem-estar pessoal. Evite sobrecarregar-se e garanta que suas atividades educacionais complementem, em vez de entrarem em conflito com outras responsabilidades. Uma abordagem equilibrada apoia o aprendizado sustentável e o bem-estar geral.

Utilizando aplicativos e tecnologia islâmicos: A tecnologia moderna oferece uma variedade de aplicativos e ferramentas para a educação islâmica. Explore aplicativos que fornecem acesso a textos do Alcorão, coleções de Hadith, horários de oração e conteúdo educacional. Utilizar a tecnologia pode aprimorar sua experiência de aprendizado e fornecer acesso conveniente a recursos islâmicos.

Em resumo, continuar sua educação islâmica envolve abraçar o aprendizado ao longo da vida, utilizar recursos tradicionais e modernos e aplicar o conhecimento à vida diária. Engajar-se com vários métodos de aprendizado, refletir sobre seu progresso e buscar fontes confiáveis contribui para uma compreensão mais profunda do islamismo. Equilibrar suas atividades educacionais com outras responsabilidades da vida e incorporar o aprendizado à vida familiar enriquece ainda mais sua jornada e fortalece sua fé.

Capítulo 33: Ensinando o Islã aos seus filhos

Ensinar o islamismo aos seus filhos é um aspecto fundamental para nutrir seu desenvolvimento espiritual e moral. Envolve transmitir valores, conhecimento e práticas islâmicas de uma forma envolvente, significativa e apropriada para a idade. Este capítulo explora estratégias eficazes para ensinar o islamismo às crianças, promovendo seu amor pela fé e orientando-as a se tornarem muçulmanas responsáveis e informadas.

Incutir valores islâmicos desde cedo: Comece a ensinar valores islâmicos desde cedo, integrando-os à vida diária. As crianças aprendem observando o comportamento dos pais, então modele os valores de gentileza, honestidade, paciência e respeito. Incorpore os ensinamentos islâmicos nas interações cotidianas, enfatizando a importância do bom caráter e do comportamento ético.

Criando um ambiente positivo: Promova um ambiente positivo e amoroso para ensinar o islamismo. Faça do aprendizado sobre o islamismo uma experiência alegre usando métodos envolventes e interativos. Encoraje a curiosidade e as perguntas sobre a fé, e forneça respostas ponderadas e adequadas à idade. Criar uma atmosfera acolhedora ajuda as crianças a desenvolver uma conexão forte e positiva com o islamismo.

Apresentando Crenças e Práticas Básicas: Comece com os princípios básicos das crenças e práticas islâmicas, incluindo a unicidade de Alá, os Profetas e a importância do Alcorão. Apresente os Cinco Pilares do Islã — Shahada, Salah, Zakat, Sawm e Hajj — de uma forma que seja compreensível e relacionável. Use linguagem simples e exemplos para explicar esses conceitos e seu significado.

Incorporando histórias do Alcorão e do Hadith: Utilize histórias do Alcorão e do Hadith para ensinar princípios e valores islâmicos. Narrativas sobre os profetas, suas vidas e seus desafios podem ser particularmente impactantes. Escolha histórias que destaquem lições morais e as apliquem a situações cotidianas, ajudando as crianças a entender a relevância desses ensinamentos em suas próprias vidas.

Incentivando Oração e Adoração Regulares: Incuta o hábito de oração e adoração regulares em seus filhos, envolvendo-os em práticas diárias. Comece com orações simples e curtas e gradualmente introduza orações mais complexas conforme eles crescem. Crie uma rotina familiar que inclua momentos de oração e recitação do Alcorão, e incentive as crianças a participar ativamente.

Ensinando a recitação e compreensão do Alcorão: a educação do Alcorão é um aspecto central da educação islâmica. Apresente a recitação do Alcorão aos seus filhos desde cedo, usando métodos apropriados para a idade, como aprender por meio de músicas ou aplicativos interativos. Concentre-se tanto na memorização quanto na compreensão dos versos do Alcorão, enfatizando seus significados e aplicação à vida diária.

Promovendo Boas Maneiras e Etiqueta: Ensinar boas maneiras e etiqueta islâmicas é essencial para moldar o comportamento e as interações das crianças. Enfatize a importância de dizer "Bismillah" antes de comer, mostrar gratidão e tratar os outros com respeito. Use situações cotidianas como oportunidades para reforçar a etiqueta islâmica e encorajar o bom comportamento.

Envolvendo crianças em atividades comunitárias: envolva seus filhos em atividades e eventos comunitários para ajudá-los a se conectar com sua identidade muçulmana. A participação em eventos de mesquita, festivais islâmicos e atividades de caridade fornece experiências práticas de valores islâmicos e promove um senso de pertencimento à comunidade muçulmana mais ampla.

Encorajando o pensamento crítico e o questionamento: incentive seus filhos a fazer perguntas e explorar sua compreensão do islamismo. Forneça respostas ponderadas e adequadas à idade deles para suas perguntas e os apoie na busca de conhecimento de fontes confiáveis. Promover o pensamento crítico ajuda as crianças a desenvolver uma conexão mais profunda e pessoal com sua fé.

Equilibrando a educação religiosa e secular: garanta um equilíbrio entre a educação religiosa e secular. Apoie seus filhos em suas atividades acadêmicas enquanto reforça os ensinamentos islâmicos. Ajude-os a entender como os valores e princípios islâmicos podem orientar seu comportamento e tomada de decisões em vários aspectos da vida, incluindo seus estudos e interações com os outros.

Modelando o comportamento islâmico: As crianças aprendem pelo exemplo, então modele o comportamento islâmico em sua própria vida. Demonstre como lidar com desafios, conflitos e situações cotidianas de acordo com os ensinamentos islâmicos. Suas ações e reações fornecem lições poderosas sobre como viver como um muçulmano praticante.

Criando uma rotina espiritual: Estabeleça uma rotina espiritual que inclua práticas regulares como ler o Alcorão, frequentar aulas islâmicas e se envolver em atos de adoração. Incentive as crianças a participar dessas atividades como parte de sua rotina diária ou semanal. Uma rotina espiritual consistente ajuda a reforçar os ensinamentos islâmicos e a construir uma base sólida de fé.

Apoiando o crescimento e desenvolvimento pessoal: Apoie o crescimento e desenvolvimento pessoal de seus filhos reconhecendo seus pontos fortes e interesses únicos. Incentive-os a buscar atividades e hobbies que se alinhem aos valores islâmicos e contribuam positivamente para seu desenvolvimento. Oferecer oportunidades de crescimento ajuda as crianças a se sentirem valorizadas e apoiadas em sua jornada de fé.

Lidando com Desafios e Dúvidas: Aborde quaisquer desafios ou dúvidas que seus filhos possam ter com empatia e compreensão. Crie um ambiente aberto e seguro onde eles se sintam confortáveis para discutir suas preocupações e buscar orientação. Ofereça apoio e segurança, e busque ajuda de fontes bem informadas, se necessário.

Celebrando Marcos Islâmicos: Celebre marcos e conquistas islâmicos importantes na vida de seus filhos, como memorizar versículos do Alcorão ou realizar sua primeira oração. Reconheça seus esforços e realizações com elogios e recompensas, reforçando os aspectos positivos de seu desenvolvimento espiritual.

Promovendo o Amor pelo Islã: Promova um amor genuíno e entusiasmo pelo Islã tornando o aprendizado agradável e significativo. Compartilhe a beleza e a sabedoria dos ensinamentos islâmicos por meio de histórias, atividades e discussões. Incentive uma atitude positiva em relação à fé e ajude as crianças a ver sua relevância e importância em suas vidas.

Manter uma comunicação aberta: Mantenha uma comunicação aberta com seus filhos sobre a fé e as experiências deles. Converse regularmente com eles para discutir seus pensamentos, sentimentos e quaisquer perguntas que eles possam ter. A comunicação aberta ajuda a construir confiança e garante que as crianças se sintam apoiadas e compreendidas em sua jornada espiritual.

Envolvendo a Família Estendida: Envolva os membros da família estendida na educação islâmica dos seus filhos. Avós, tios e tias podem desempenhar um papel de apoio no reforço dos ensinamentos islâmicos e no fornecimento de orientação adicional. Criar uma rede de membros da família que dão apoio contribui para um ambiente completo e de apoio para o crescimento espiritual dos seus filhos.

Encorajando o envolvimento da comunidade: incentive seus filhos a contribuir para a comunidade por meio de atos de serviço e caridade. Envolvê-los em projetos comunitários e oportunidades de voluntariado os ajuda a entender a importância de retribuir e contribuir para o bem-estar dos outros.

Revisando e refletindo: Revise e reflita regularmente sobre sua abordagem para ensinar o islamismo aos seus filhos. Avalie o que está funcionando bem e identifique áreas para melhoria. Ajuste suas estratégias conforme necessário para garantir que a educação islâmica dos seus filhos permaneça eficaz e envolvente.

Em resumo, ensinar o islamismo aos seus filhos envolve criar um ambiente positivo e de apoio, integrar valores islâmicos à vida diária e usar uma variedade de métodos educacionais. Ao modelar o comportamento, encorajar a participação em atividades comunitárias e abordar desafios com empatia, você pode orientar seus filhos a desenvolver uma conexão forte e significativa com sua fé. Equilibrar a educação religiosa e secular, apoiar o crescimento pessoal e promover a comunicação aberta aprimoram ainda mais seu desenvolvimento espiritual e moral.

Capítulo 34: Questões privadas de Fiqh para novas mulheres muçulmanas

Navegar pelas questões privadas de fiqh do islamismo pode ser uma parte significativa da jornada de uma nova mulher muçulmana. Fiqh, ou jurisprudência islâmica, aborda vários aspectos da vida diária, incluindo conduta pessoal, questões familiares e responsabilidades individuais. Para novas mulheres muçulmanas, entender e aplicar esses princípios corretamente pode ajudá-las a integrar sua nova fé em suas vidas com confiança e clareza.

Compreendendo a Jurisprudência Islâmica: Fiqh é o estudo e a aplicação da lei islâmica derivada do Alcorão e do Hadith. Ele fornece diretrizes sobre como viver de acordo com os princípios islâmicos em vários aspectos da vida. Para novas mulheres muçulmanas, obter uma compreensão básica do fiqh é essencial para garantir que elas possam praticar sua fé corretamente e abordar quaisquer problemas que possam surgir.

Higiene Pessoal e Pureza Ritual: Um dos aspectos fundamentais do fiqh para mulheres envolve higiene pessoal e pureza ritual. A lei islâmica prescreve práticas específicas para manter a limpeza, incluindo orações regulares e o estado de pureza ritual necessário para essas orações. Isso inclui entender as regras de wudu (ablução), ghusl (purificação de corpo inteiro) e menstruação. Saber como realizar esses atos corretamente e entender seu significado é crucial para manter a limpeza física e espiritual.

Menstruação e Sangramento Pós-Parto: A menstruação e o sangramento pós-parto (nifas) são aspectos significativos do fiqh que afetam as práticas religiosas diárias de uma mulher. Durante a menstruação e o sangramento pós-parto, as mulheres são isentas de realizar certos atos de adoração, como Salah (oração) e jejum. No entanto, elas são encorajadas a se envolver em outras formas de adoração e boas ações. Entender esses regulamentos e como administrar a adoração durante esses períodos é importante para manter a observância religiosa.

Modéstia e código de vestimenta: os princípios islâmicos de modéstia influenciam o código de vestimenta para mulheres muçulmanas. A exigência de modéstia é frequentemente interpretada através do uso do hijab ou outras formas de vestimenta modesta. Entender as diferentes opiniões e práticas dentro da jurisprudência islâmica sobre modéstia pode ajudar as novas mulheres muçulmanas a fazer escolhas informadas sobre seu traje. O objetivo é equilibrar o conforto pessoal com a adesão às diretrizes islâmicas sobre modéstia.

Casamento e vida familiar: Fiqh também aborda vários aspectos do casamento e da vida familiar. Para novas mulheres muçulmanas, entender os princípios islâmicos do casamento, incluindo os direitos e responsabilidades dos cônjuges, é essencial. Isso inclui saber sobre os requisitos para um contrato de casamento válido (nikah), os direitos das mulheres no casamento e as diretrizes para manter um relacionamento conjugal saudável e respeitoso.

Divórcio e Separação: Em casos em que o casamento não dá certo, é importante entender os princípios islâmicos de divórcio e separação. O Fiqh fornece diretrizes sobre os procedimentos para o divórcio (talaq), incluindo o período de espera (`iddah), os direitos e responsabilidades financeiras de ambas as partes e o processo de reconciliação. Conhecer esses princípios pode ajudar as novas mulheres muçulmanas a navegar pelas complexidades do divórcio com um senso de clareza e justiça.

Leis de herança: As leis de herança islâmicas são parte integrante do fiqh e desempenham um papel crucial na determinação da distribuição do patrimônio de uma pessoa falecida. Entender as regras de herança, incluindo as cotas atribuídas a diferentes parentes, pode ser importante para novas mulheres muçulmanas na administração de seu próprio patrimônio ou na compreensão de seus direitos no caso de falecimento de um membro da família.

Gestão Financeira Pessoal: A jurisprudência islâmica fornece orientação sobre gestão financeira, incluindo princípios relacionados a ganhar, gastar e economizar dinheiro. Entender os conceitos de halal (permitido) e haram (proibido) em transações financeiras, como juros (riba) e investimentos antiéticos, pode ajudar novas mulheres muçulmanas a administrar suas finanças de uma maneira que se alinhe aos princípios islâmicos.

Preocupações médicas e de saúde: O Fiqh também aborda questões relacionadas a preocupações médicas e de saúde. Isso inclui entender a permissibilidade de tratamentos médicos, incluindo aqueles que podem envolver alterações no corpo ou mudanças significativas no estilo de vida. Para novas mulheres muçulmanas, saber como tomar decisões informadas sobre sua saúde enquanto aderem aos princípios islâmicos é importante para manter o bem-estar físico e espiritual.

Envolvimento da Comunidade e Interação Social: Engajar-se com a comunidade mais ampla ao mesmo tempo em que adere aos princípios islâmicos envolve entender os limites da interação entre homens e mulheres, participar de atividades comunitárias e contribuir para o bem-estar social. Novas mulheres muçulmanas devem buscar orientação sobre como equilibrar sua participação em atividades sociais e comunitárias com a manutenção das diretrizes islâmicas sobre modéstia e interação.

Aspirações educacionais e profissionais: Navegar por objetivos educacionais e profissionais enquanto adere aos princípios islâmicos é uma consideração importante. Entender como equilibrar ambições de carreira com obrigações religiosas, como momentos de oração e modéstia, pode ajudar as novas mulheres muçulmanas a perseguir suas aspirações profissionais enquanto permanecem comprometidas com sua fé.

Crescimento espiritual e desenvolvimento pessoal: Fiqh não é apenas sobre seguir regras, mas também sobre crescimento pessoal e desenvolvimento espiritual. Novas mulheres muçulmanas devem buscar aprofundar sua compreensão dos ensinamentos islâmicos por meio de educação continuada e reflexão pessoal. Isso envolve explorar os significados mais profundos das leis e princípios islâmicos e aplicá-los para aprimorar o caráter e a espiritualidade de alguém.

Abordando Dúvidas e Preocupações Pessoais: É natural que novas mulheres muçulmanas tenham dúvidas ou preocupações sobre certos aspectos do fiqh. Buscar conhecimento de acadêmicos qualificados, participar de círculos de estudo e se envolver em discussões com indivíduos experientes pode ajudar a abordar essas preocupações. É importante abordar esses assuntos com a mente aberta e disposição para aprender.

Manter uma abordagem equilibrada: Manter uma abordagem equilibrada ao fiqh envolve integrar os princípios islâmicos na vida diária, ao mesmo tempo em que considera as circunstâncias pessoais e as realidades práticas. É importante que as novas mulheres muçulmanas busquem orientação que seja informada e prática, garantindo que suas práticas estejam alinhadas com os ensinamentos islâmicos e sejam adequadas para suas situações individuais.

Buscando Suporte e Orientação: Navegar por questões privadas de fiqh pode ser complexo, e buscar suporte de fontes bem informadas é crucial. Isso pode incluir consultar acadêmicos, assistir aulas e se envolver com uma comunidade muçulmana solidária. Ter acesso a orientação e recursos ajuda as novas mulheres muçulmanas a tomar decisões informadas e praticar sua fé com confiança.

Em resumo, abordar questões privadas de fiqh envolve entender e aplicar a jurisprudência islâmica em vários aspectos da vida pessoal. Para novas mulheres muçulmanas, isso inclui gerenciar a higiene pessoal, entender os regulamentos menstruais e pós-natais, aderir às diretrizes de modéstia, navegar em questões matrimoniais e familiares e abordar preocupações financeiras e de saúde. Ao buscar conhecimento, manter uma abordagem equilibrada e buscar apoio, novas mulheres muçulmanas podem integrar os princípios islâmicos em suas vidas de forma eficaz e confiante.

Capítulo 35: Questões de Fiqh para novas mulheres muçulmanas relacionadas à oração e ao jejum

Para novas mulheres muçulmanas, entender o fiqh (jurisprudência islâmica) relacionado à oração e ao jejum é essencial para praticar sua fé com precisão e confiança. Esses dois atos fundamentais de adoração, Salah (oração) e Sawm (jejum), são centrais para a prática islâmica e têm regras e diretrizes específicas que devem ser seguidas. Este capítulo se aprofunda nas principais questões do fiqh em torno da oração e do jejum, oferecendo clareza sobre como observar essas práticas corretamente.

Compreendendo os fundamentos do Salah (oração): Salah é um dos Cinco Pilares do Islã e é realizado cinco vezes ao dia: Fajr, Dhuhr, Asr, Maghrib e Isha. Cada oração tem horários específicos, e é crucial realizá-las dentro dos períodos prescritos. Para as novas mulheres muçulmanas, entender os horários de cada oração e a maneira correta de realizá-las é fundamental.

Pré-requisitos para a oração: Antes de realizar o Salah, certos pré-requisitos devem ser atendidos:

1. **Pureza Ritual:** Salah requer pureza ritual, que é alcançada através de Wudu (ablução). Em casos de grande impureza, como após menstruação ou parto, Ghusl (purificação de corpo inteiro) é necessário. Novas mulheres muçulmanas devem aprender como realizar Wudu e Ghusl corretamente e entender as regras que pertencem a eles.

2. **Roupas Limpas e Espaço de Oração:** As roupas usadas durante a oração devem ser limpas e cobrir o `awrah (as partes do corpo que devem ser cobertas). O espaço de oração também deve ser limpo e livre de impurezas. Garantir que

essas condições sejam atendidas ajuda a manter a validade da oração.

De frente para a Qibla: Durante o Salah, os muçulmanos devem ficar de frente para a Qibla, a direção da Caaba em Meca. As novas mulheres muçulmanas devem aprender a determinar a Qibla, o que pode ser feito usando uma bússola, ferramentas online ou aplicativos que fornecem a direção com base em sua localização. Ficar de frente para a Qibla é um requisito fundamental para a validade do Salah.

O Papel da Menstruação e Sangramento Pós-Parto: Para mulheres que estão passando por menstruação ou sangramento pós-parto, há regras específicas relacionadas ao Salah. Durante esses períodos, as mulheres estão isentas de realizar as orações diárias. No entanto, elas devem continuar a se envolver em outras formas de adoração, como fazer Dua (súplica) e se envolver em boas ações. Após o término da menstruação ou sangramento pós-parto, as mulheres devem realizar Ghusl antes de retomar o Salah.

Combinando Orações: Em certas circunstâncias, é permitido combinar orações. Isso é particularmente relevante para mulheres que podem enfrentar desafios em realizar orações em seus horários designados devido a vários motivos, como trabalho ou viagem. A combinação de orações pode ser feita entre Dhuhr e Asr ou entre Maghrib e Isha. Entender quando e como combinar orações pode oferecer flexibilidade, mantendo a adesão às práticas islâmicas.

Jejum (Sawm) durante o Ramadã: O jejum durante o mês do Ramadã é um ato significativo de adoração e um dos Cinco Pilares do Islã. Ele envolve abster-se de comida, bebida e relações conjugais do amanhecer ao pôr do sol. Para novas mulheres muçulmanas, entender as regras e diretrizes para o jejum é essencial para garantir sua validade e eficácia.

Isenções de Jejum: Há isenções específicas de jejum para certos indivíduos. Elas incluem:

1. **Menstruação e Sangramento Pós-Parto:** Mulheres que estão menstruadas ou passando por sangramento pós-parto estão isentas do jejum. Elas são obrigadas a compensar os jejuns perdidos mais tarde, quando puderem fazê-lo.
2. **Gravidez e amamentação:** Mulheres grávidas ou amamentando que estejam preocupadas com sua saúde ou com a saúde de seu bebê também podem ser isentas do jejum. Elas devem consultar uma pessoa experiente ou um profissional de saúde para determinar o melhor curso de ação e compensar os jejuns perdidos mais tarde ou fornecer fidyah (compensação) se necessário.

Intenção adequada e Suhoor: Para que o jejum seja válido, ele deve ser feito com a intenção correta (niyyah). A intenção de jejuar deve ser feita antes do Fajr (amanhecer) de cada dia do Ramadã. Suhoor, a refeição antes do amanhecer, é altamente recomendada e fornece nutrição e força para o dia do jejum. É uma Sunnah (prática louvável) ter Suhoor, mesmo que seja apenas uma pequena quantidade de comida.

Quebrando o Jejum (Iftar): O jejum é quebrado ao pôr do sol com o Iftar, a refeição que é tradicionalmente iniciada comendo tâmaras e bebendo água. É importante quebrar o jejum prontamente ao pôr do sol e então realizar a oração do Maghrib antes de continuar com a refeição do Iftar. A prática do Iftar enfatiza a gratidão e a camaradagem.

Gerenciando Preocupações com a Saúde: Para novas mulheres muçulmanas, gerenciar preocupações com a saúde durante o jejum é importante. Se o jejum representa um risco significativo para a saúde, como doença crônica ou desidratação grave, as mulheres devem procurar orientação médica. Em tais casos, alternativas como fornecer fidyah ou compensar jejuns perdidos mais tarde podem ser apropriadas.

Expiação por Jejuns Perdidos: Se uma mulher perde jejuns devido a razões válidas, como doença ou gravidez, ela geralmente é obrigada a compensar os jejuns perdidos mais tarde. Em casos em que o jejum não é possível, como em caso de doença crônica, fidyah (alimentar os pobres) pode ser exigido como compensação.

Compensando Jejuns Perdidos: Após o Ramadã, quaisquer jejuns perdidos devido a razões válidas devem ser compensados antes do próximo Ramadã. Novas mulheres muçulmanas devem planejar completar esses jejuns perdidos o mais rápido possível para cumprir com essa obrigação. Se os jejuns perdidos não forem compensados antes do próximo Ramadã, eles devem ser compensados fornecendo fidyah.

Mantendo o Foco Espiritual: Durante o Ramadã e ao longo do ano, manter o foco espiritual é crucial. O jejum não é apenas sobre abster-se de necessidades físicas, mas também sobre crescimento espiritual, autodisciplina e aumento da devoção. Engajar-se em adoração adicional, recitar o Alcorão e fazer Dua são maneiras de aumentar os benefícios espirituais do jejum.

Lidando com circunstâncias especiais: Situações como viagens ou doenças podem afetar a capacidade de alguém de jejuar ou orar como de costume. O islamismo fornece flexibilidade em tais casos, permitindo ajustes como combinar orações ou quebrar o jejum. Entender como lidar com essas circunstâncias especiais de acordo com os ensinamentos islâmicos ajuda a manter a fé e a prática mesmo em situações desafiadoras.

Equilibrando Oração e Jejum com a Vida Diária: Integrar as práticas de oração e jejum na vida diária requer planejamento cuidadoso e equilíbrio. As novas mulheres muçulmanas devem administrar suas agendas para acomodar os horários de oração e os requisitos de jejum enquanto cumprem outras responsabilidades, como trabalho, família e compromissos pessoais. O planejamento e a organização podem ajudar a garantir que os deveres religiosos sejam observados sem causar estresse indevido.

Buscando conhecimento e apoio: O aprendizado contínuo sobre fiqh relacionado à oração e ao jejum é importante. Novas mulheres muçulmanas devem buscar conhecimento de acadêmicos qualificados, frequentar aulas islâmicas e se envolver com comunidades muçulmanas de apoio. Acessar informações confiáveis e buscar orientação pode ajudar a lidar com quaisquer preocupações ou perguntas que surjam.

Em resumo, entender as questões de fiqh relacionadas à oração e ao jejum é essencial para que as novas mulheres muçulmanas pratiquem sua fé com precisão e confiança. Isso inclui conhecer os pré-requisitos para a oração, gerenciar a menstruação e o sangramento pós-parto, entender as regras do jejum e abordar quaisquer preocupações ou isenções de saúde. Ao buscar conhecimento, equilibrar as práticas religiosas com a vida diária e manter o foco espiritual, as novas mulheres muçulmanas podem cumprir suas obrigações religiosas enquanto nutrem seu crescimento espiritual.

Conclusão

Abraçar o islamismo como uma nova mulher muçulmana é uma jornada profunda e transformadora que toca todos os aspectos da vida. Este livro explorou 35 tópicos essenciais projetados para orientar e apoiar novas mulheres muçulmanas enquanto elas navegam em sua nova fé, abordando os aspectos espirituais e práticos de suas vidas. Desde a compreensão dos princípios básicos do islamismo, como a crença em Alá e a adesão ao Alcorão e à Sunnah, até lidar com as nuances da vida cotidiana, incluindo relacionamentos com familiares e amigos não muçulmanos, casamento, criação de filhos e desenvolvimento pessoal, este guia visa fornecer um recurso abrangente.

Um dos temas mais críticos ao longo deste livro tem sido a importância de construir um relacionamento pessoal com Alá. Essa conexão é a base da fé islâmica, oferecendo orientação, força e paz enquanto se navega pelas complexidades da vida. Seja por meio de oração, jejum ou busca de conhecimento, a jornada de aprofundamento da fé é um esforço para a vida toda que requer paciência, dedicação e um coração aberto.

Outro foco importante tem sido a importância de entender e aplicar a jurisprudência islâmica (fiqh) na vida diária. Para novas mulheres muçulmanas, aprender a fazer orações corretamente, jejuar durante o Ramadã e administrar outras obrigações religiosas é crucial. Esse conhecimento não apenas garante que as práticas religiosas sejam realizadas corretamente, mas também instila confiança e um senso de pertencimento dentro da comunidade muçulmana mais ampla.

Navegar em relacionamentos — seja com um marido não muçulmano, família ou amigos — também tem sido um tópico significativo. A transição para o islamismo pode trazer desafios nessas áreas, mas com paciência, comunicação e compreensão, esses relacionamentos podem ser mantidos e até mesmo fortalecidos. Os princípios de compaixão, respeito e gentileza que o islamismo promove são universais e podem servir como uma ponte em relacionamentos inter-religiosos.

Além disso, este livro abordou a importância da comunidade. Construir conexões dentro da comunidade muçulmana, encontrar apoio e contribuir para o bem-estar coletivo são vitais para o crescimento pessoal e um senso de pertencimento. O islamismo não é apenas uma fé pessoal, mas comunitária, onde o apoio e as experiências compartilhadas desempenham um papel crucial na jornada espiritual de um indivíduo.

Os desafios de equilibrar a identidade cultural, enfrentar críticas e lidar com conceitos errôneos sobre o islamismo também são realidades que as novas mulheres muçulmanas podem encontrar. No entanto, com conhecimento, confiança e um forte sistema de apoio, esses desafios podem ser enfrentados com resiliência e graça. Entender que a jornada para se tornar uma mulher muçulmana totalmente integrada e confiante é contínua pode ajudar a aliviar a pressão para "acertar tudo" imediatamente.

Ao concluir este livro, é essencial reconhecer que a jornada de cada nova mulher muçulmana é única. As experiências, desafios e vitórias variam de pessoa para pessoa, mas o cerne do islamismo — submissão a Alá e viver uma vida de acordo com Sua orientação — permanece constante. Abraçar esse caminho com sinceridade, buscar conhecimento e se esforçar continuamente para o crescimento pessoal e espiritual levará a uma vida islâmica gratificante e significativa.

Este livro não é o fim, mas sim um companheiro na jornada. Novas mulheres muçulmanas são encorajadas a continuar aprendendo, buscando recursos e se envolvendo com suas comunidades. O islamismo é uma jornada ao longo da vida de crescimento, compreensão e aprofundamento da fé. Que este livro sirva como um guia útil e fonte de inspiração enquanto você continua em seu caminho como uma mulher muçulmana, navegando pelo mundo lindo e multifacetado do islamismo.